198

avril-juin 2020

Les corpus oraux et leur didactisation

Coordonné par Véronique Bourhis
et Roxane Gagnon

études de
linguistique appliquée
revue de didactologie
des langues-cultures
et de lexiculturologie

éla

Didier Érudition
Klincksieck

Les corpus oraux et leur didactisation

LES CORPUS PARLÉS ET LEUR DIDACTISATION : QUELLE PAROLE (AP)PRISE DANS L'ESPACE DE LA CLASSE ?

INTRODUCTION

Ce numéro d'*Études de linguistique appliquée* porte sur l'usage des corpus oraux, plus précisément sur les usages de la langue parlée, pour étudier la parole dans l'espace de la classe de langue, que le contexte soit celui de la langue 1 (langue première, langue de scolarisation), de la langue 2 ou d'une langue étrangère, ou dans le contexte de la formation des enseignants. Dans quelle mesure la linguistique sur corpus, qui privilégie le relevé, le traitement et la documentation de données linguistiques spontanées et authentiques est-elle susceptible de permettre aux corpus multimodaux dans leur diversité d'être utilisés selon un point de vue pragmatique pour apprendre le « parler » et ses conditions en contexte institutionnel, de l'école à l'université ? Et quelles formes peut prendre cette parole, « acte individuel de volonté et d'intelligence » (F. de Saussure, 1975) ?

Ce numéro se propose d'envisager la tension entre l'acquisition chez l'apprenant·e d'un langage qui dépend d'un contexte situationnel et des conditions de l'interaction et les options qui se présentent au chercheur à la chercheuse ou au formateur à la formatrice pour documenter les éléments linguistiques sous forme de corpus.

Poser la question de l'articulation entre la constitution du corpus et la didactisation d'objets de savoir permet de s'interroger sur les dimensions pluricodiques ou multimodales du codage (Rastier, 2004) et sur l'action conjointe voix/contenu textuel qui porte le langage en classe.

Dans l'espace public, le français parlé change quotidiennement, en fonction des usages, du temps, ce qui pose la question de la prise en compte des variétés de langue dans l'enseignement et de la sensibilisation aux différents types de variations (Gagnon, de Pietro & Fisher, 2017). À quelles variétés exposer les élèves ? Quelle norme expliciter ou mettre en œuvre dans les pratiques de classe, qu'il s'agisse de la classe de langue primaire ou de celle de français langue seconde ? Et qu'en est-il de la variabilité langagière (Auzanneau et

Leclère, 2014) ? Quel « statut didactique », pour reprendre les mots de Sylvie Plane dans sa contribution à ce numéro, accorder à la parole des élèves ? Sur quels corpus prendre appui pour enseigner la parole ?

Ces questions ouvrent à l'étude des différents paramètres repérables dans un corpus : peuvent-ils permettre de comprendre et d'étudier un acte langagier qui n'acquiert toute sa signification qu'en étant maintenu dans son contexte d'énonciation d'origine ? Comment délimiter des unités de travail à étudier (Nonnon, 1999) ? Et à quelle institutionnalisation des savoirs langagiers/ linguistiques procéder auprès des apprenants ?

Il s'agit également de réfléchir à la promotion de l'expression individuelle en tenant compte de l'indispensable homogénéité d'un espace d'écoute privilégié et collectif, consacré à l'acquisition de savoirs. Quelle place donner à la voix physique, individuelle et singulière, à sa prosodie, sans qu'il y ait dissonance avec la voix des savoirs et du consensus didactique ?

Enfin, un aspect central lorsqu'on parle de didactisation relève de la constitution des éléments sur lesquels l'enseignant peut s'appuyer pour construire les connaissances des apprenants, que ces éléments soient linguistiques, comme l'étude de la description de phénomènes de l'oralité ou les modélisations existantes de la syntaxe de l'oral, ou didactiques, comme l'étude de la modélisation d'objets d'apprentissages disciplinaires.

L'organisation du numéro suit une logique ascendante : le premier texte nous permet de synthétiser les caractéristiques du français parlé, élément de base des corpus oraux. Puis, grâce à des analyses fines de parole d'élèves, les étapes qui mènent à la constitution de tels corpus sont retracées. Les processus de composition, les caractéristiques multimodales et polysémiques inhérentes de la communication orale, sont ensuite rendus visibles grâce à l'exploitation linguistique et didactique de corpus filmiques. Le numéro se termine par la présentation de corpus oraux à usage didactique et d'exploitations didactiques.

DES CORPUS DE FRANÇAIS PARLÉ

Ce numéro s'ouvre sur une contribution de Christophe Benzitoun qui discute de l'opportunité de définir un français parlé de référence, distinct de l'écrit, à partir de l'observation corpus oraux. En ciblant quelques exemples chez une variété de locuteurs, il montre les différences de forme et les liens qui existent entre français parlé et français écrit et propose des orientations en vue de l'enseignement du français parlé.

DES CORPUS SUR LA PAROLE DES ÉLÈVES

C'est la parole des élèves en classe de 6e en France que Sylvie Plane met en exergue. Elle analyse un corpus d'interactions en classe au moment de conseils d'élèves dans le but de décrire et de comprendre leur fonctionnement. Elle observe comment la parole circule, comment le sens s'instaure au sein de la classe. Ce moment de discussion régulée permet au groupe de construire une identité collective, de se constituer en communauté discursive, et permet à chaque élève de comprendre quelle place symbolique il occupe dans cette communauté.

L'idée de considérer un corpus large est aussi partagée par Marie-Noëlle Roubaud et Marie-Laure Elalouf qui prennent le parti de rassembler la totalité des emplois de *se souvenir* et d'*oublier* produits par des élèves allophones pour étudier la maitrise des structures syntactico-lexicales. Ce corpus exhaustif permet de remédier aux décalages que génèrent les descriptions lexicographiques usuelles du couple de ces verbes. Les auteures répertorient les schémas de construction des usages des deux verbes, observent leur répartition différente dans les ouvrages de référence, à l'oral et dans des écrits d'élèves. Cette étude constitue la base sur laquelle elles fondent une ingénierie didactique visant l'enseignement du lexique.

DES CORPUS FILMIQUES MULTIMODAUX

Les corpus vidéos ont la particularité d'être multimodaux. Cette multimodalité s'analyse sur divers plans. Ce que développent les deux articles suivants.

Véronique Bourhis analyse un corpus de synopsis élaborés par des étudiants de 2ᵉ année de master Formation de Formateurs de l'Université de Cergy Pontoise pour préparer l'analyse d'une séance filmée de lecture à l'école maternelle. Le *synopsis* s'entend comme un outil méthodologique pour l'analyse de pratiques de classe, qui rendrait compte de focales (objets de recherche) au prisme desquelles se révèlerait l'objet enseigné ou appris. Les difficultés rencontrées pour hiérarchiser des données de divers ordres sont interrogées. À terme, l'objectif pour ce public de formateurs d'enseignants est de pouvoir didactiser des gestes professionnels.

Brahim Azaoui propose une analyse de deux corpus filmiques : le premier comprend des vidéos d'interactions didactiques en cours de français langue seconde, tandis que le second est constitué de vidéos d'entretiens hétéroscopiques durant lesquels des élèves allophones produisent des commentaires sur des extraits des vidéos d'interactions didactiques du premier corpus. Ces commentaires sont pris comme objets d'étude pour en expliciter la dimension multimodale. Puis, visionnés par les élèves, ils deviennent l'objet de métadiscours. Montrant les divers paramètres kinésiques, ces corpus mettent en relief l'intention de l'acte évaluatif en contexte.

DES CORPUS POUR ENSEIGNER LA LANGUE PREMIÈRE, SECONDE OU ÉTRANGÈRE

Les trois dernières contributions interrogent et explorent les pistes didactiques des corpus oraux, que ce soit dans l'apprentissage de la compréhension ou, plus globalement, de l'interaction.

Un type de corpus est-il en soi meilleur ? Quelles caractéristiques concourent à de meilleurs usages des corpus ? Jean-François de Pietro, Roxane Gagnon et

Christian Rehm interrogent les critères de validité de corpus en vue de travailler la compréhension de l'oral en classe de français langue de scolarisation ou seconde. Prenant appui sur divers documents extraits de manuels ou de sites Internet, ils décrivent les caractéristiques des corpus en étudiant les objectifs des activités proposées, le contexte de production du document, les types et niveaux de compétences concernés, le destinataire, les caractéristiques textuelles et linguistiques de ces documents.

Prenant appui sur la linguistique de corpus, l'analyse des interactions et la didactique des langues, Élodie Oursel répertorie ensuite les moyens que les apprenants de français langue étrangère ont besoin de développer pour participer à une interaction. Ces moyens englobent des compétences linguistiques, mais aussi cognitives, sociales et culturelles. Leur acquisition passe par des étapes d'exposition, de conceptualisation, d'entrainement et de pratique libre. Quatre plateformes pédagogiques sont présentées.

Enfin, plaidant en faveur d'un enseignement et d'un apprentissage de l'oral tel qu'il est parlé au quotidien par les francophones, Christian Surcouf expose les défis linguistiques, informatiques et surtout didactiques que pose l'apprentissage informatisé sur corpus oral. Il présente l'interface informatique *Florale*, créée pour l'exploration d'un corpus de français parlé annoté en vue de sa didactisation en français langue étrangère.

Roxane GAGNON
Professeure ordinaire,
HEP Lausanne

Véronique BOURHIS
Maitresse de conférences,
CY- Cergy Paris Université-INSPÉ

RÉFÉRENCES BIBLIOGRAPHIQUES

AUZENEAU, M., LECLÈRE, M. 2014. « La variabilité langagière au cœur des formations à visée d'insertion. Pour un développement conjoint des questionnements sociolinguistique et didactique », *Lidil*, *50 /* 2014, 125-145.

GAGNON, R., DE PIETRO, J.-F., FISHER, C. 2017. « L'oral aujourd'hui : perspectives didactiques », dans J.-F. de Pietro, C. Fisher, R. Gagnon, *L'oral aujourd'hui : perspectives didactiques* (11-36). Namur : Presses universitaires de Namur (coll. « Recherches en didactique du français »).

NONNON, E. 1999. « L'enseignement de l'oral et les interactions verbales en classe : champs de référence et problématiques – Note de synthèse », *Revue Française de Pédagogie*, 129, 87-131.

RASTIER, F. 2004. « Enjeux épistémologiques de la linguistique de corpus », *Texto !* [en ligne], juin 2004. Rubrique Dits et inédits. Disponible sur : http://www.revue-texto.net/Inedits/Rastier/Rastier_Enjeux.html.

SAUSSURE F. de. 1975. *Cours de linguistique générale*, Paris : Payot.

POUR UN FRANÇAIS PARLÉ DE RÉFÉRENCE À PARTIR DE CORPUS

Résumé : La question de la forme de référence servant de base à l'enseigne-ment de la langue française fait peu l'objet de débat dans la communauté édu-cative. Cela s'explique notamment par la difficulté à faire évoluer la norme, à l'image des rectifications orthographiques de 1990. Cependant, dès lors que l'on ne se limite plus au seul support écrit, le problème se pose de manière différente. Dans notre article, nous nous proposons de discuter l'opportunité de définir un français parlé de référence, distinct de l'écrit, à partir de corpus oraux. En ciblant quelques exemples, nous montrons qu'il est illusoire de faire comme si le français parlé avait la même forme que le français écrit, y compris chez des locuteurs experts et nous en tirons des conséquences pratiques pour son enseignement.

INTRODUCTION

De nos jours, les analyses critiques de la forme de référence servant de base à l'enseignement de la langue française ont du mal à se diffuser en France. Cela s'explique notamment par la difficulté à faire émerger des propositions d'évolution de la norme grammaticale et orthographique dans le débat public sans qu'elles soient caricaturées. Pour preuve, la proposition de modification des règles d'accord du participe passé en 2018 a provoqué un débat assez virulent et les rectifications orthographiques de 1990 ont aussi fait l'objet de propos excessifs. Le 15 novembre 2017, J.-M. Blanquer, ministre français de l'Éducation nationale, a émis l'idée selon laquelle il n'y a qu'une grammaire[1] et que celle-ci est soumise aux arbitrages de la seule Académie française. Dans le même registre, S. Ayada, présidente du Conseil supérieur des programmes, a affirmé, en 2018, que la grammaire n'était pas négociable[2].

---

1.   https://twitter.com/LCP/status/930805246368006144
2.   https://www.lepoint.fr/education/programmes-je-ne-pense-pas-que-la-grammaire-soit-nego-ciable-30-06-2018-2231811_3584.php

Sans revenir sur la polysémie bien connue du terme « grammaire », on pourrait se poser la question de savoir si la grammaire (au sens de répertoire des formes de référence) doit être la même à l'oral et à l'écrit.

Pourtant, le français écrit et le français parlé reposent sur des mécanismes différents (section 2 du présent texte), ce qui justifie de les considérer de manière séparée. Par exemple, il n'est nullement question d'orthographe en français parlé et, pour le français écrit, une grande partie de la grammaire scolaire est basée sur des formes n'ayant pas nécessairement de contrepartie audible.

Au-delà de la seule question de la forme de référence, l'oral a été beaucoup moins étudié que l'écrit dans un contexte d'enseignement[3], et celui-ci pose de nombreux problèmes pratiques. Dans cet article, nous discutons de l'opportunité de définir un français parlé de référence, distinct de l'écrit, à partir d'observations faites dans des corpus oraux. Nous illustrons notre démarche par l'examen des différentes formes de sujet en français. Nous montrons ainsi qu'il est illusoire de faire comme si nous devions parler comme nous écrivons, ce qui va dans le sens de considérer deux références distinctes.

Dans un premier temps, nous listerons les différences qu'il existe entre français parlé et écrit, puis nous proposerons une brève étude descriptive sur les sujets grammaticaux et terminerons par quelques pistes en vue de la définition d'un français parlé de référence. Il s'agira principalement de recourir aux observations grammaticales extraites de corpus pour poursuivre la réflexion autour des liens qu'il existe entre français parlé et français écrit.

FRANÇAIS PARLÉ/FRANÇAIS ÉCRIT : QUELLES DIFFÉRENCES ?

Il existe des différences de fréquences d'emplois marquées observables dans les corpus, entre français parlé et français écrit. Elles sont liées à des situations de communication et à des modes de production distincts, mais aussi, selon les neurosciences, à des zones distinctes dans notre cerveau pour traiter le langage oral et le langage écrit. Selon Kolinsky *et al.* (2014), la « boite aux lettres » du cerveau, dédiée au traitement du langage écrit, se développe dans un second temps quand on apprend à lire et à écrire, dans une zone distincte de celle dédiée au langage oral. Ces deux zones communiqueraient entre elles par l'intermédiaire de connexions. De plus, les humains apprennent à parler leur langue première uniquement à partir d'interactions alors que l'apprentissage de la lecture et de l'écriture nécessite un enseignement explicite.

Les caractéristiques du français parlé ont une incidence linguistiquement visible à travers les niveaux d'analyse, mais de manière différenciée. Si, par exemple, la morphologie du français parlé est en grande partie distincte de celle de l'écrit, la différence est moins marquée pour la syntaxe. Béguelin (2012) synthétise la position de Blanche-Benveniste sur l'autonomie oral/écrit dans le tableau suivant :

---

3. Pour une synthèse portant sur les 40 dernières années, voir Nonnon (2016).

Domaine de faits	Autonomie du parlé et de l'écrit	Commentaires
Segmentation	Oui	Pas de recoupement entre prosodie et ponctuation.
Ambiguïtés	Oui	Oral et écrit se caractérisent par des discriminations spécifiques.
Morphologie	Oui	Tendanciellement, il y a deux morphologies typologiquement différentes pour le français parlé et le français écrit.
Syntaxe	Non	Les différences constatées relèvent des *genres* du discours et des *normes de genre*, plutôt que du médium lui-même.
Niveaux de langue	Non	
Rapport graphème-son	Oui et non	Plutôt *non* dans le cas de la lecture. Plutôt *oui* dans le cas de l'écriture (effet en français du « supplément » d'orthographe).

Tableau 1 : Tableau repris de Béguelin (2012 : 46)

Cette situation contrastée a pour conséquence des divergences de points de vue quant à l'existence d'une grammaire spécifique à l'oral pour rendre compte du fonctionnement linguistique.

L'approche neurolinguistique postule l'existence de deux grammaires distinctes (Germain et Netten, 2013) : une grammaire « interne » (pour l'oral) et une grammaire « externe » (pour l'écrit). La grammaire interne renvoie aux connaissances implicites, inconscientes liées à la communication orale spontanée, et la grammaire externe renvoie aux connaissances explicites ou métalinguistiques sur la langue, nécessaires à toute communication par écrit.

Il semble plus difficile de limiter l'oral seulement à une compétence purement implicite. En effet, la grammaire que nous utilisons quand nous parlons en français comporte également une part de règles apprises de manière explicite, si bien qu'il est difficile de considérer que la grammaire de l'oral serait totalement indépendante de celle de l'écrit et inversement. De plus, les locuteurs s'appuient sur leur compétence orale pour accéder à la littéracie. L'articulation entre grammaire de l'oral et grammaire de l'écrit est donc plus complexe que ne le laisse entrevoir cette approche.

De plus, dans les sociétés scripturales, la langue orale a été profondément transformée au contact de l'écrit, accédant ainsi à une forme d'oralité « secondaire » (Ong, 2014). Elle est utilisée dans des contextes formels nécessitant explicitement des formes linguistiques apprises. Il existerait donc une forme d'oralité composée d'un ensemble de connaissances primaires, souvent inconscientes, liées à l'environnement et une autre forme d'oralité qui, elle, est composée de connaissances secondaires (Lahire [1993] utilise le terme d'oral scriptural). Selon Tricot et Roussel (2016) dans le cadre d'une approche évolutionniste du langage, ces deux formes de connaissances ne seraient pas apparues au même moment dans l'Histoire de l'humanité, les connaissances primaires étant plus anciennes que les connaissances secondaires. Et on peut émettre l'hypothèse que la distance entre les connaissances linguistiques primaires et secondaires est plus ou moins grande en fonction des environnements sociaux, ce qui pourrait expliquer les difficultés scolaires plus importantes dans certains milieux (Lahire, *op. cit.*). Dans un contexte d'enseignement, il faut donc porter une attention particulière aux connaissances orales secondaires qui doivent faire l'objet d'un apprentissage scolaire explicite par les locuteurs natifs, d'où l'importance d'essayer d'en délimiter les contours à partir de corpus.

Blanche-Benveniste (1990) parle de grammaire première et grammaire seconde :

> Je crois utile de la réserver [la notion de grammaire seconde] aux cas où on peut montrer que la tradition grammaticale a imposé une tournure qui s'est partiellement installée dans les usages, sans avoir jamais été vraiment productive.

Il est donc nécessaire d'ajouter un paramètre à la réflexion autour des connaissances linguistiques, à savoir le statut des diverses formes grammaticales utilisées par les locuteurs. En effet, certaines formes grammaticales normatives enseignées à l'école ne seraient pas des tournures « naturellement » présentes dans la langue, mais des créations de grammairiens alors même qu'elles étaient peu utilisées par les locuteurs. On peut mentionner la tentative d'imposer l'alternance entre une tournure avec un pronom *en* nominal pour désigner des non-humains (*j'en connais le titre*) et une tournure avec déterminant possessif pour les humains (*je connais son tempérament*). De même, on peut évoquer certains impératifs déroutants avec deux pronoms comme *emmenez-m'y*.

Dans la grammaire seconde, certaines tournures seraient plus faciles à intégrer que d'autres dans les connaissances grammaticales des locuteurs car plus ou moins compatibles avec la grammaire première. Or, les formes choisies dans les ouvrages de référence ne vont pas forcément dans le sens de la compatibilité avec la grammaire première :

> On constate régulièrement que les variantes évaluées positivement par le discours normatif, c'est-à-dire jugées prestigieuses et recommandées comme étant le bon usage, sont aussi les plus onéreuses pour le sujet encodeur. Ce sont ou bien celles qui mettent en jeu le plus grand nombre d'opérations, ou bien celles qui comportent les sous-catégorisations le plus complexes : bref, les moins simples et les moins régulières. (Berrendonner, 1982)

On peut également mentionner, à l'image du *ne* de négation et de l'inversion clitique dans les interrogatives, les formes conservées grâce à l'école, tel l'accord du participe passé :

> Ainsi Buffier, dans sa *Grammaire française sur un plan nouveau* (éd. de 1741, p. 217), se fondant sur l'usage contemporain, enseignait que, après *avoir* et dans les pronominaux, « il semble que l'on pourrait, sans commettre de faute rendre toujours le participe indéclinable » (Chervel 1973 : 93)

De fait, les tournures dont parlent C. Blanche-Benveniste, A. Berrendonner et A. Chervel se situent à la périphérie du système linguistique, nécessitent un apprentissage spécifique et requièrent un calcul couteux pour être employées. Or, le temps d'élaboration du message à l'oral est souvent plus court qu'à l'écrit. De plus, nous avons une représentation biaisée des formes linguistiques que nous employons. Il suffit de faire lire la transcription de sa propre production à une personne pour s'en apercevoir. Tout ceci a une conséquence très concrète pour le français parlé : les locuteurs, mêmes experts, auraient plus de difficultés qu'à l'écrit pour employer certaines formes grammaticales, du moins lorsqu'ils parlent sans lire ou sans réciter.

Pour autant, faut-il postuler l'existence de deux grammaires distinctes oral *vs* écrit ? Nous souscrivons, pour notre part, à la réflexion suivante de Blanche-Benveniste *et al.* (1990 : 13), selon laquelle

> [...] après avoir étudié le sujet pendant des années, nous ne pensons pas qu'il faut poser une grammaire spéciale pour le français parlé.

S'il n'y a pas de grammaire spécifique pour le français parlé, il existe tout de même des exploitations différenciées dues à de multiples paramètres (voir Benzitoun, Corminboeuf & Cappeau, 2017). Parmi ces paramètres, le médium occupe une place de choix. En effet, quand on compare des productions orales et écrites réalisées par les mêmes locuteurs dans les mêmes situations, on s'aperçoit qu'il existe des différences statistiques importantes dans l'emploi de certaines tournures grammaticales. Pour illustrer ce phénomène, nous allons nous intéresser à la forme grammaticale des sujets dans les énoncés.

LA FORME DES SUJETS EN FRANÇAIS PARLÉ ET EN FRANÇAIS ÉCRIT

En français, le sujet peut se réaliser principalement sous les quatre formes grammaticales suivantes :

- Sujet nominal
(1) après ils se rendent comptent que *le chien* a disparu (oral, 6ᵉ, récit ÉVALÉO)

- Sujet pronom clitique
(2) et euh après *ils* rentrent chez eux (oral, 6ᵉ, récit ÉVALÉO)

- Dispositif sujet
(3) et *il y a leurs parents qui* reviennent (oral, 6ᵉ, récit ÉVALÉO)

- Dislocation du sujet
(4) *le grand garçon il* regarde sous les voitures (oral, 6ᵉ, récit ÉVALÉO)

Le dispositif sujet représente un type de construction dans lequel la position sujet est singularisée par des outils grammaticaux. Il peut s'agir, par exemple, de la tournure *il y a ... qui, c'est ... qui ou voilà ... qui*. La dislocation, quant à elle, consiste en la double instanciation de la position sujet : sous forme lexicale (un nom ou un syntagme nominal) et sous forme grammaticale (un pronom clitique). Contrairement aux deux tournures mentionnées en (1) et (2), le dispositif sujet et surtout la dislocation ne sont pas considérés comme des formes normatives et sont vus comme des erreurs à éviter.

Nos observations sont basées sur une partie des transcriptions des enregistrements ayant servi à l'étalonnage de la batterie de tests en orthophonie ÉVALÉO (Launay *et al.*, 2018). Ce corpus est composé de récits produits par des enfants scolarisés en France de la classe de CM1 à la classe de troisième. Nous nous restreignons aux productions de 48 enfants (8 par niveau scolaire) n'ayant pas de trouble du langage. La distribution des formes sujets, calculée uniquement pour les verbes dans les propositions principales, est la suivante :

	Dislocation	Dispositif	Sujet nominal	Pronom clitique
Oral	13,9 %	7,3 %	31,5 %	47,3 %
Écrit	0,6 %	0,8 %	63,5 %	35,1 %

Tableau 2 : Répartition des formes sujet dans des récits d'enfants (CM1-3ᵉ)

On observe une forte influence du médium sur les fréquences d'emplois des sujets nominaux, des dispositifs et des dislocations. En proportion, il y a deux fois plus de sujets nominaux à l'écrit. Mais la différence la plus spectaculaire est celle liée aux dislocations. En effet, elles sont presque totalement absentes des récits à l'écrit alors qu'elles sont attestées au moins une fois dans les productions orales de plus de la moitié des enfants avec une fréquence qui peut dépasser les 50 % chez certains enfants. Cette tournure est intéressante car elle disparait très tôt dans les productions écrites des enfants. Le corpus SCOLEDIT[4] montre clairement que peu d'élèves de CP en produisent encore dans des rédactions écrites en autonomie au mois de juin. De plus, à l'oral, la fréquence de cette tournure a tendance à diminuer avec l'âge. C'est ce que montre, en complément de nos propres observations, le tableau ci-dessous tiré de Roubaud & Sabio (2018) :

	Dislocation	Sujet nominal	Pronom clitique
Enfants [Corpus CLEA][5]	45,28 %	11,39 %	37,90 %
Adultes : 4 corpus oraux de divers genres [Blanche-Benveniste, 1994]	de 6,46 % à 11,6 %	de 5,9 % à 15,87 %	de 58,2 % à 64,17 %

Tableau 3 : Répartition des formes sujet chez les enfants et les adultes
(Roubaud & Sabio, 2018)[6]

Ainsi, on passe de 45 % de dislocations chez les enfants de 4-5 ans (tableau 3) à 15 % chez les 6-15 ans (tableau 2) puis à moins de 10 % chez les adultes à l'oral (tableau 3). Mais comment expliquer cette diminution en français parlé et cette quasi-absence à l'écrit ? S'agit-il d'un effet du développement du langage chez l'enfant ou est-ce lié à un autre facteur ?

La dislocation du sujet existe depuis au moins dix siècles en français, mais avec des valeurs différentes, et elle est stigmatisée depuis plusieurs siècles (voir Blasco-Dulbecco, 2012) :

ne dites pas Mon père, il est malade au lieu de Mon père est malade (Chiflet, 1659)

C'est donc une tournure très ancienne mais qui continue à être corrigée de nos jours chez les enfants, comme l'illustre cet échange entre un enfant (E) et un adulte (A) (extrait de Canut *et al.*, 2012) :

(5)   A. Édouard couche Nounours répète
       E. Édouard il couche Nounours

---

4.   Ce corpus est composé en 2018 des copies de 1409 élèves scolarisés en France en CP, puis en CE1. Il s'agit d'un corpus longitudinal. L'une des activités consistait en une rédaction à partir d'images. Le corpus est consultable à l'adresse : http://www.scoledit.org/scoledit.
5.   Le corpus CLEA comporte des récits oraux produits par des enfants de moyenne et grande section de maternelle.
6.   Pour plus de lisibilité, nous avons remplacé les appellations dans le tableau original par la terminologie utilisée dans notre article.

A. Édouard couche Nounours
E. Édouard il couche Nounours
A. non pas il couche Édouard couche Nounours
E. Édouard couche Nounours
A. voilà
E. Édouard il baille

Et sa mauvaise réputation est largement diffusée, comme le montrent ces remarques parues dans la presse française, à l'encontre du langage employé par l'ancien président de la République française, François Hollande :

> Sans juger le fond de ses déclarations, Hollande parle en effet comme un enfant [...] C'est le langage d'une personne qui n'a pas grandi. Quand on l'entend dire "La croissance, elle est là", cela résonne comme "Maman, elle n'est pas contente, papa, il va se fâcher". (*Le Point*)

> Difficile d'incarner la nation quand on pratique systématiquement le redoublement du sujet. « La France, elle a des atouts. » Cette syntaxe sied aux enfants, pas au chef de l'État. (A. Finkielkraut, *Le Point*)

Mais contrairement à ce que pourrait laisser croire les commentaires ci-dessus, François Hollande est loin d'être un cas isolé. Quand on écoute des émissions télévisées et radiophoniques, il n'est pas rare d'entendre des dislocations du sujet de la part de personnalités politiques ou académiques. En voici quelques exemples issus d'interviews radiophoniques ayant eu lieu en 2018.

(6) et et cette *cette interdiction* après *elle* se réalisera de de différentes façons [...] *le phénomène il* a pris une ampleur euh si j'ose dire qualitative (Jean-Michel Blanquer, Ministre français de l'Éducation nationale)

(7) mais *les jeunes* après dix-sept minutes de silence pour les dix-sept qui ont été tués à Parkland *ils* ont commencé à marcher dans la rue (Donald Cuccioletta, historien canadien)

(8) *un éleveur il* vend une bête sur pieds (Yvan Hayez, Secrétaire général belge de la fédération wallonne de l'agriculture)

(9) *Genève ça* me fait rêver plus que jamais *Genève c'*est une énergie extraordinaire (Pierre Maudet, Homme politique suisse)

Et on en trouve également des traces en 1975 dans la bouche de Michel Foucault, par exemple :

(10) *le diplôme* moi je crois *il* est fait précisément pour ceux qui ne l'ont pas (Michel Foucault)

Nous avons donc affaire ici à une tournure ancienne fortement ancrée dans la grammaire du français, utilisée à l'oral (et beaucoup plus rarement à l'écrit) y compris par des locuteurs experts dans des situations de parole formelles. Nous émettons l'hypothèse que la diminution importante de la fréquence de la dislocation du sujet en fonction de l'âge est due à une intervention normative, qui ne parvient pas pour autant à l'éradiquer totalement. Ainsi, cette tournure, eu égard à sa large diffusion, a toute sa place dans la grammaire du français, et son maintien malgré les tentatives séculaires d'éradication le prouve.

Il faut toutefois se garder d'en conclure que toutes les tournures faisant l'objet d'interventions normatives ont le même statut. En effet, les enfants produisent des formes erronées qui vont disparaître avec l'âge pour une large partie de la population. On peut citer, par exemple, *ils croivent => ils croient, ils sontaient => ils étaient, et dans une moindre mesure, pour exprimer la possession, le vélo à mon frère => le vélo de mon frère.* À l'image de la dislocation du sujet, il existe donc des formes linguistiques qui sont plus résistantes que d'autres aux interventions extérieures, sans doute parce qu'elles sont plus centrales dans le système grammatical du français. Ces formes persistantes ont toute leur place dans un français parlé de référence, même si elles sont quasi-absentes de l'écrit.

COMMENT CONSTRUIRE UN FRANÇAIS PARLÉ DE RÉFÉRENCE ?

Si l'on veut enseigner un français parlé standard comme on le fait pour le français écrit, il faut donc faire le tri entre différentes formes grammaticales qui n'ont pas le même statut dans la grammaire du français. Dans certains cas, on tente d'enseigner aux élèves des formes qui sont à la périphérie du système grammatical du français (voir la notion de grammaire seconde ci-dessus), et dans d'autres cas, on essaie de faire sortir de leur usage des formes qui sont bien ancrées dans ce même système (par exemple, la dislocation du sujet). Distinguer, parmi les formes normatives, celles qui sont centrales dans le système et celles qui s'en éloignent, représente une question complexe mais déterminante. Si l'écrit, étant donné son mode de production, permet plus facilement d'intégrer des tournures émanant de la grammaire seconde, il n'en va pas de même pour l'oral. Or, au lieu de tenir compte de cette différence, les manuels scolaires déprécient fortement l'oral en l'associant à un registre de langue relâché et en considérant systématiquement l'écrit normatif comme la référence à viser, l'oral étant alors vu comme déficitaire par rapport à l'écrit. Ci-dessous, quelques extraits de manuels scolaires exemplaires de cette conception du français parlé[7] :

En classe, il faut utiliser un langage scolaire qui respecte à l'oral *les mêmes règles que l'écrit*. (*Jardin des Lettres*, 6e, Magnard)

> *Tu viens ?*	oral, familier	intonation montante
> *Est-ce que tu viens ?*	langage courant	formule « Est-ce que... ? »
> *Viens-tu ?*	langage écrit, élégant	inversion du sujet

Tableau 4 : Extrait d'un tableau dans Fleurs d'encre, 6e, Hachette.

À l'oral, *l'oubli du « ne »* de négation est accepté, mais à l'écrit cet oubli *est considéré comme une faute de français*. (*Jardin des Lettres*, 6e, Magnard)

La première citation expose une consigne claire, mais non opératoire. L'oral peut difficilement respecter les mêmes règles que l'écrit pour des raisons de mode de production, mais aussi à cause de leurs caractéristiques linguistiques respectives. Par exemple, pour former le pluriel en français parlé, on ne peut pas se baser sur la règle qui veut que l'on mette un -*s* à la fin d'un substantif

---

7. Les trois extraits cités nous ont été fournis par Audrey Roig, que nous remercions.

ou d'un adjectif et -*nt* à la fin d'un verbe étant donné que ces deux marques ne s'entendent généralement pas.

Le tableau 4 met clairement en évidence l'association entre oral et familier, d'une part, et écrit et élégant, d'autre part. Quant au langage courant, il semblerait que ce qualificatif s'applique aussi bien à l'oral qu'à l'écrit. La dernière citation, quant à elle, pose deux problèmes. Elle défend l'idée selon laquelle, à l'oral, nous « oublierions » le *ne* de négation, alors qu'il est tout simplement facultatif en français, n'étant nullement indispensable à la compréhension du message. La seconde partie de la phrase est encore plus étonnante. L'absence du *ne* serait une « faute de français » à l'écrit et pas à l'oral. Mais si ce n'est pas considéré comme une « faute de français » à l'oral, cela signifierait-il que le français parlé n'est pas du français ? Il existerait donc des tournures considérées comme des fautes de français mais seulement à l'écrit. Étonnante conception de la langue, d'autant plus quand on sait que la première et troisième citation sont issues du même manuel...

Pour donner enfin à l'oral toute sa légitimité dans un contexte scolaire, il serait intéressant de suivre l'exemple de Bigot (2011) en établissant un français parlé de référence à partir de corpus. Il parait en effet difficile de faire cela en nous basant sur notre sentiment de la langue, sous peine de retomber sur la norme écrite. Il faudrait donc enregistrer dans différentes situations (ou collecter dans les médias) plusieurs locuteurs réputés pour leurs qualités oratoires, transcrire leurs productions, puis proposer des synthèses des tournures et des prononciations employées qui soient utilisables en classe. Et à l'image de ce qui se fait déjà pour l'écrit, on pourrait demander aux élèves d'étudier ces transcriptions accompagnées de l'écoute du son ou du visionnage de la vidéo, dans le cadre d'un travail d'observation réfléchie de la langue. Des projets adoptant cette perspective existent déjà, mais ils ont peu modifié les pratiques en classes de français langue maternelle. Le présent numéro propose d'ailleurs plusieurs articles utilisant des corpus comme supports pédagogiques.

Il serait également intéressant de disposer d'un corpus de productions orales d'enfants à différents âges et niveaux scolaires pour servir de support à un enseignement articulé autour de progressions bien définies. Cela permettrait de répondre à un certain nombre de questions : quelles sont les formes grammaticales qu'un enfant est censé maitriser à un niveau scolaire donné ? Quel est l'écart entre les formes orales utilisées et les formes écrites ? Quelles sont les tournures qui perdurent dans le langage de l'enfant, malgré des interventions multiples ?

Nous sommes pleinement conscient que, comme dans le cadre des discussions sur l'orthographe, il va falloir se confronter au problème des représentations linguistiques et au poids des habitudes. Arriver à expliquer qu'une forme considérée jusqu'à présent comme incorrecte fait en réalité partie de la grammaire du français ne sera pas une tâche aisée. Mais cela semble incontournable pour pouvoir enseigner le français parlé conformément à son fonctionnement. De plus, cela permettrait de faire évoluer la place accordée aux différents usages et à la variation dans un contexte scolaire. Un grand chantier ouvrant à la fois vers un renouvellement de l'enseignement du français mais aussi vers une grammaire sur corpus à l'image de celle de Biber *et al.* (1999).

Christophe BENZITOUN
Maitre de conférences,
Université de Lorraine

RÉFÉRENCES BIBLIOGRAPHIQUES

BÉGUELIN, M.-J. 2012. « Le statut de l'écriture », dans R. Druetta (éd.), *Claire Blanche-Benveniste. La linguistique à l'école de l'oral*, Essais francophones, Gerflint, Volume 1 : 39-54.

BENZITOUN, C., CORMINBOEUF, G & CAPPEAU, P. 2017. « Réflexions sur les exploitations différenciées de la grammaire », dans G. Dostie, F., Diémoz & P. Hadermann (éd.), *Cadrage sur la variation, le changement lexical et le changement grammatical en français actuel*, *Revue de Sémantique et Pragmatique*, 41-42 : 135-154.

BERRENDONNER, A. 1982. *L'éternel grammairien – étude du discours normatif*, Peter Lang.

BIBER, D., FINEGAN, E., JOHANSSON, S., CONRAD, S. & LEECH G. 1999. *Longman Grammar of Spoken and Written English*, Longman.

BIGOT, D. 2011. « De la norme grammaticale du français parlé au Québec », dans Y. Bourques et A-M. Brousseau (dir.), *Identités linguistiques, langues identitaires : à la croisée du prescriptivisme et du patriotisme*, numéro spécial de la revue *Arborescences*, 1.

BLANCHE-BENVENISTE, C. 1990. « Grammaire première et grammaire seconde : l'exemple de *en* », *Recherches sur le français parlé*, 10 : 51-73.

BLANCHE-BENVENISTE, C. 1994. « Quelques caractéristiques grammaticales des "sujets" employés dans le français parlé des conversations », dans M. Yaguello (éd.), *Subjecthood and Subjectivity. The Status of the subject in linguistic theory*, Paris/Londres : Ophrys/Institut français du Royaume-Uni, 77-107.

BLANCHE-BENVENISTE, C., BILGER, M., ROUGET, C., VAN DEN EYNDE, K. & MERTENS, P. 1990. *Le français parlé : Études grammaticales*, Paris : Éd. du C.N.R.S.

BLASCO-DULBECCO, M. 2012. « La dislocation du sujet : une constante dans la langue sous le regard des grammairiens », dans B. Colombat, J.-M. Fournier & V. Raby (Éd.), *Vers une histoire générale de la grammaire française : matériaux et perspectives*, Honoré Champion, 689-706.

CANUT, E., BRUNESEAUX-GAUTHIER, F. & VERTALIER, M. 2012. *Des Albums pour apprendre à parler. Les choisir, les utiliser en maternelle*, Paris : Scérén-CNDP, Coll. « Repères pour agir - 1er degré ».

CHERVEL, A. 1973. La grammaire traditionnelle et l'orthographe, *L'orthographe*, N. Catach (éd.), *Langue française*, 20 : 86-96.

CHIFLET, L. 1659. *Essay d'une parfaite grammaire de la langue françoise*, Anvers, Jacques van Meurs.

GERMAIN, C. & NETTEN, J. 2013. « Grammaire de l'oral et grammaire de l'écrit dans l'approche neurolinguistique (ANL) », *Synergies Mexique*, 3 : 15-29.

KOLINSKY, R., MORAIS, J., COHEN, L., DEHAENE-LAMBERTZ, G. & DEHAENE, S. 2014. « L'influence de l'apprentissage du langage écrit sur les aires du langage », *Revue de Neuropsychologie Neurosciences cognitives et cliniques*, 6 (3) : 173-181.

LAHIRE, B. 1993. *Culture écrite et inégalités scolaires : sociologie de l'« échec scolaire » à l'école primaire*, Lyon : Presses universitaires de Lyon.

LAUNAY, L., MAEDER, C., ROUSTIT, J. & TOUZIN, M. 2018. *ÉVALÉO (évaluation du langage écrit et oral)*, Orthophoniste édition.

NONNON, É. 2016. « 40 ans de discours sur l'enseignement de l'oral : la didactique face à ses questions », *Pratiques* [En ligne], 169-170. URL : http://journals.openedition.org/pratiques/3115.

ONG, W. J. 2014. *Oralité et écriture*, Les Belles Lettres.

ROUBAUD, M.-N. & SABIO, F. 2018. « Syntaxe et affiliation du lexique : les réalisations du sujet chez les jeunes enfants (4-6 ans) », *Langage oral à l'école maternelle. Étude d'un corpus homogène, Pratiques* [En ligne], 177-178.

TRICOT, A. & ROUSSEL, S. 2016. « Quelles connaissances de la langue orale est-il nécessaire d'enseigner ? Une contribution évolutionniste », *Les dossiers des sciences de l'éducation*, 36, 75-94.

D'UNE PAROLE INDIVIDUELLE À UNE DYNAMIQUE ARGUMENTATIVE COLLECTIVE

Résumé : La circulation de la parole dans la classe recouvre des enjeux intellectuels considérables, mais elle requiert des apprentissages qui ne se réduisent pas aux seuls aspects linguistiques. Dans cet article, nous nous intéresserons à un conseil d'élèves mis en place dans un collège accueillant des élèves issus de familles culturellement éloignées de l'école, et qui a pour thème la place des élèves dans la classe. Ce thème permet aux élèves de discuter des règles qui régissent la communauté intellectuelle qu'est la classe. On montre comment le partage du sens s'instaure progressivement dans l'interaction grâce au rôle d'interprète que jouent certains élèves et à l'intervention éclairante de l'enseignant.

1. INTRODUCTION : PLUSIEURS VOIES POUR RELIER LANGAGE ORAL ET APPRENTISSAGES

Le statut didactique accordé à la parole des élèves dans l'univers scolaire est paradoxal. Au-delà de l'école maternelle, malgré les recommandations des programmes 2015, l'oral n'est constitué en objet d'apprentissage que lorsque les enseignants sont particulièrement avertis et intéressés à cette question (Laparra 2019). À l'école primaire, la récitation demeure l'exercice phare servant à la fois à enseigner et à évaluer l'oral, comme le montre un rapport de l'inspection générale (Claus 2013). Dans l'enseignement primaire comme dans l'enseignement secondaire, le cours dialogué, qui confine la parole des élèves dans les interstices du discours magistral, semble être la modalité pédagogique la plus répandue, tandis que le travail de groupe, qui a pour moteur les interactions entre élèves, reste assigné à une place marginale (Veyrunes 2011). En revanche, malgré l'exigüité de l'espace dévolu à l'expression orale de l'élève, l'école affiche sa fascination pour les prestations monologales de prestige et prétend depuis peu en faire un objectif d'apprentissage. En effet, l'oral du baccalauréat auquel on doit préparer les lycéens, et qui constitue l'horizon vers lequel devra tendre l'enseignement secondaire, a désormais pour référence le « grand O » que passent les étudiants à l'issue de cinq années d'études supérieures de sciences politiques (Mathiot 2018 ; Delhaye 2019). Les concours d'éloquence fournissent ainsi des sources d'inspiration, d'autant que les médias leur attribuent généreusement la réputation de conjurer le déterminisme sociologique en récompensant les auteurs de prestations orales remarquables, quel que soit le milieu d'origine de ces derniers. Mais en focalisant l'attention du grand public et des enseignants sur l'intérêt d'entrainer les élèves à produire des discours policés et prévisibles, on court le risque de faire perdre de vue tout ce que peuvent apporter les autres formes de travail à l'oral et sur l'oral.

Pourtant, depuis longtemps, de nombreux courants de recherche ont mis en évidence que l'engagement des élèves dans des échanges verbaux joue un rôle capital dans les apprentissages (Nonnon 1999 ; Grandaty 2011). Mais ces travaux ont également montré que pour être efficaces, les fonctionnements interactionnels doivent eux-mêmes faire l'objet d'un traitement didactique, soit sous la forme d'un guidage par l'enseignant, soit grâce à des pratiques régulées et régulières, soit encore au moyen de dispositifs didactiques spécifiques dédiés à ces apprentissages. Ainsi, Bernié (2002) et Jaubert et Rebière (2011) montrent que le fait d'instituer la classe en communauté discursive disciplinaire – qui partage donc un langage et un système sémiotique propres à un champ disciplinaire – favorise l'appropriation par les élèves des savoirs scolaires. De leur côté, Dolz-Mestre et Schneuwly (2009) proposent de prendre pour référence des genres oraux sociaux et de les adapter au cadre scolaire pour en faire le support d'apprentissages dont les objectifs sont en lien avec les spécificités des genres concernés. Et Lafontaine, Dumais et Pharand (2016) vont même jusqu'à élaborer des unités d'enseignement faisant appel au « modelage » sous la forme d'exemples mis en œuvre par l'enseignant, pour dispenser un enseignement de l'oral.

Le corpus auquel nous allons nous intéresser dans cet article montre l'exemple d'un autre genre oral, propre à l'école, celui du « conseil d'élèves ». Ce dispositif explore une autre voie que celles citées plus haut, mais il emprunte à ces approches les deux principes qui les sous-tendent, à savoir l'idée que la qualité des fonctionnements interactionnels sert les apprentissages et que, par ailleurs, ces fonctionnements doivent précisément être considérés comme des objets d'apprentissage. La séance dont nous analyserons des éléments a été mise en place dans un collège classé « REP+[1] », accueillant des élèves qui n'ont pas appris dans leur famille les codes sociaux et langagiers de l'école ou ne les ont appris que de façon très incomplète. Il est donc particulièrement intéressant de voir comment, malgré les malentendus et les logiques individuelles, la dynamique des propos et les rôles assignés aux élèves font que les élèves collaborent implicitement ou volontairement au projet d'apprentissage qui leur est proposé.

Nous présentons tout d'abord les conceptions du langage et de son apprentissage qui ont nourri les choix effectués par les enseignants concernés en les situant

---

1. Les collèges sont classés « REP+ » lorsque le taux d'élèves issus de familles appartenant à des catégories socioprofessionnelles défavorisées et/ou résidant dans une zone urbaine sensible (ZUS) qu'ils accueillent est particulièrement élevé. Le collège où ont été collectées les données est situé dans un territoire caractéristique de ce que Maurin (2004) a appelé *le Ghetto français* et est particulièrement victime du séparatisme social.

par rapport à d'autres approches. Puis nous exposons le contexte et les enjeux particuliers de cette séance qui porte sur la place des élèves dans la classe. Nous observons comment, à travers les propos des différents intervenants, se dessinent des interprétations différentes de la place qui conduisent à des malentendus.

2. PLUSIEURS MANIÈRES D'ENVISAGER LES INÉGALITÉS LANGAGIÈRES

Le fait que la langue et le langage soient liés aux caractéristiques socio-culturelles des familles donne lieu à plusieurs interprétations et donc à des réponses didactiques contrastées. Les points d'accord portent sur le constat de différences dans les pratiques langagières en fonction des milieux socioculturels et sur leur effet sur la réussite scolaire et sociale. Les points de divergence proviennent de l'interprétation qui est faite de ces différences, des concep-tions du langage qui sont mobilisées, de la manière dont les apprentissages langagiers et le développement de la personne sont envisagés.

La doctrine qui a le plus de succès est aussi la plus radicale. Simple à comprendre, elle ne nécessite pas de réflexion sur la norme et la variation et ne remet pas en question les fonctionnements sociaux. Elle repose sur l'idée qu'il y aurait un lien de causalité étroit entre déficit linguistique et déficit cognitif, et que ces déficits seraient transmis par les familles à leurs enfants dès le plus jeune âge. La certitude que ces faiblesses s'installent définitivement au cours de la période d'acquisition du langage explique alors la nécessité d'une intervention très précoce, seule capable de contrecarrer l'échec scolaire à venir. Il est à noter que dans ce cadre, on ne prend en considération que les capacités linguistiques relatives à la langue française, négligeant ainsi celles qui se manifestent à travers la maitrise ou la compréhension d'une autre langue. Cette approche qui affecte à l'école et aux institutions s'occupant de la petite enfance un rôle compensatoire a été retenue par des courants de pensée qui pourtant s'opposent entre eux sur les plans idéologique et politique et par cer-taines équipes de recherche. En effet, l'*Institut Montaigne* (Malâtre 2012), think tank libéral dont les projets sont opérationnalisés par l'association *Agir pour l'école*, et *Terra Nova* qui se définit comme think tank progressiste (Bodman, Chaisemartin *et al.* 2017), convoquent pratiquement les mêmes références et établissent leurs préconisations à partir des mêmes exemples. Ainsi, les uns et les autres proposent comme modèle le *Perry Preschool Project* qui offre un dispositif de renforcement langagier à l'intention d'enfants de milieux défavorisés (« disadvantaged African-American children ») et soulignent les conclusions positives qu'en tirait l'économiste Heckman (2006), malgré l'écart entre le contexte américain, très inégalitaire, où la philanthropie joue un rôle institutionnel dans la « stratégie postraciale », et le contexte français qui bénéficie d'une école publique de qualité. Une autre différence oppose les deux contextes : en France, dans l'enseignement, l'oral et l'écrit sont perçus comme étant en concurrence, le second ayant une prévalence incontestée (Plane 2015). Les dispositifs de renforcement langagier qui se recommandent du modèle américain, même s'ils recourent à des exercices oraux, ont donc pour objectif non pas le développement de compétences orales, mais l'apprentissage de la lecture. La focalisation sur la lecture, une approche très étroite de la littératie qui la réduit à la maitrise du décodage et une vision pauvre et monolithique de ce que serait l'oral, conduisent les concepteurs de ces dispositifs à élaborer des batteries d'exercices oraux extrêmement cadrés. D'où la très faible part laissée à l'initiative de l'enseignant chargé de mettre en œuvre ces dispositifs qui prévoient de façon minutieuse l'énoncé que doit fournir l'élève en réponse à un stimulus dans ceux des exercices qui comportent des phases d'interaction.

Les hypothèses qui fondent ces programmes prennent pour source principale l'étude de Hart et Risley (2004) qui, à partir de données recueillies dans des familles contrastées sur le plan économique, concluaient que les enfants dont les parents sont bénéficiaires d'allocations entendent dans leur petite enfance moins de mots, et surtout moins de mots différents, que les enfants de cadres. Les dispositifs français qui s'en inspirent développent donc des protocoles d'entrainement oraux destinés à étendre le lexique et à développer les compétences phonologiques d'enfants issus de milieux considérés comme déficitaires (dispositifs « Parler », « Parler bambin »). Dans ce cadre, l'oral n'est envisagé que comme un moyen d'accès à l'écrit, mais cette visée, socialement valorisée, permet à ces programmes de bénéficier de puissants soutiens, malgré les réserves sévères que suscitent leur cadrage et leur mise en œuvre (Ben Soussan & Rayna 2018).

D'autres courants de recherche convoquent une étiologie moins sommaire pour expliquer l'origine ou la persistance des différences observées entre élèves sur le plan du langage et y répondre. En effet, les travaux des acquisitionnistes qui, comme Bassano (2008), constatent à la fois la variabilité interindividuelle dans le calendrier des acquisitions et la variabilité intra-individuelle dans l'utilisation de telle ou telle stratégie langagière à tel ou tel moment, engagent à se méfier d'une catégorisation précoce des locuteurs.

En outre, même s'il est évident que la langue est un outil de la pensée, il convient cependant d'être prudent lorsqu'on évalue les capacités cognitives d'un enfant à partir de ses performances linguistiques, car on court le risque d'attribuer la mauvaise qualité de sa production verbale à une défaillance intellectuelle, alors qu'elle tient peut-être à une non-maitrise des normes, et en particulier de celles en usage à l'école. Les différences langagières entre enfants d'âge scolaire pouvant être corrélées à leur origine sociale tiennent donc pour une bonne part à la possibilité que ces enfants ont eue ou non d'être confrontés à la variation. Or d'après Gadet et Guérin (2008), ce n'est qu'à partir de la deuxième année d'école élémentaire (CE1) qu'ils sont sensibles – et donc en mesure d'être sensibilisés – à la variation, et cette précision aide donc à établir un calendrier des apprentissages qui soit réaliste.

Ces considérations ne mettent absolument pas en cause la nécessité d'apprentissages linguistiques dès le début de la scolarité, bien au contraire. Mais elles conduisent à considérer ces apprentissages non pas comme le moyen de remédier à un déficit qui serait transmis par les familles – si tant est qu'un déficit puisse se « transmettre » – mais comme un processus normal, exigeant sans aucun doute plus d'expertise didactique et de connaissances linguistiques de la part de l'enseignant lorsque l'expérience langagière vécue par les élèves dans leur famille est très éloignée de celle partagée à l'école, ainsi que l'ont montré Behra *et al.* (2016).

Ainsi, l'inculcation de ressources linguistiques et la sensibilisation à la variation et à la diversité des normes sont des missions fondamentales de l'école à l'égard d'enfants dont la famille n'utilise pas le français ou utilise une variété du français éloignée de ce que Gadet et Guérin appellent « la variété scolaire ou "français de l'école" ». Mais cela ne suffit pas à donner à ces enfants les clés de l'école. En effet, Bautier (2016) estime qu'au-delà des aspects strictement linguistiques, il convient surtout que l'école amène les enfants et les adolescents à adopter les enjeux cognitifs et sociaux du langage qui leur permettent « d'être ou de devenir "élèves", c'est-à-dire d'être en possibilité d'utiliser les situations scolaires pour apprendre, transformer leur rapport au monde et se transformer ». Aussi, l'école ne doit pas se contenter d'attendre que les enfants qui lui sont confiés adoptent d'emblée les pratiques langagières qu'elle valorise, elle doit aussi les y initier. Plusieurs moyens pédagogiques y contribuent, avec des visées sensiblement différentes selon qu'ils sont strictement associés à des enseignements disciplinaires ou non. Dans le premier cas, l'objectif est de faire acquérir par les élèves les habitus intellectuels spécifiques à tel ou tel secteur disciplinaire, et cela au moyen de l'appropriation progressive des genres oraux et écrits relevant du domaine ; dans le second cas, il s'agit notamment d'amener les élèves à développer des compétences interactionnelles. Bien évidemment, les deux familles de visées ne sont pas exclusives l'une de l'autre.

Conscient des enjeux sociaux et scolaires que recouvrent ces apprentissages, un réseau REP+ s'est investi dans un travail portant sur les diverses facettes des apprentissages langagiers, avec une attention particulière portée à l'oral. Une partie de l'équipe éducative du collège et des écoles proches s'y est intéressée avec ardeur et a mis en place un projet visant spécifiquement l'appropriation de modes de discussion et de formes d'argumentation.

3. AMENER LES ÉLÈVES À S'APPROPRIER DES USAGES DU LANGAGE QUI LEUR PERMETTENT DE S'EN SERVIR POUR « FAIRE SOCIÉTÉ »

Situé dans une zone de la région parisienne très affectée par des difficultés économiques et par de fréquents troubles à l'ordre public, le collège bénéficie d'un professeur d'appui[2] qui aide ses collègues à mettre en œuvre le projet sur le langage oral. Ce projet prévoit d'entrainer les élèves à des formes régulées d'échanges et de développer leur capacité à argumenter, avec des activités et des objectifs adaptés aux différents niveaux de classe. Une partie des séances a été enregistrée soit en vidéo, soit en audio, de façon à constituer un corpus représentatif à partir duquel les professeurs volontaires au sein de l'équipe pédagogique peuvent procéder

---

2.   Que soient remerciés Dorothée Cuny, professeure d'appui, et ses collègues, ainsi que Florent Aucouturier, principal du collège.

ensemble ou avec le concours d'un chercheur à des analyses. Le répertoire vidéo ainsi constitué comporte quatre grands types de configurations offrant différentes facettes des situations scolaires d'argumentation : argumentation entre élèves dans le cadre d'un travail disciplinaire en groupe ; argumentation entre élèves dans le cadre d'une « discussion interprétative » en classe entière ; présentation à la classe d'une expérience vécue par deux élèves (stage de troisième) ; discussion collective dans le cadre d'un conseil d'élèves en classe de sixième. C'est à ce dernier cas que nous allons nous intéresser plus précisément.

En effet, dans cet établissement, le niveau sixième fait l'objet d'une attention particulière et il a été proposé aux élèves de l'une des sixièmes que leur classe soit une « classe à projet » afin de devenir progressivement « une classe coopérative ». La référence implicite à Freinet – il s'agit plus ici d'un arrière-plan que d'un cadre strict – n'a de sens, bien entendu, que pour les enseignants. De leur côté, les élèves ont manifestement adhéré à la proposition présentée par le professeur d'appui et en ont perçu les avantages immédiats : ils bénéficient d'une salle réservée où se déroulent plusieurs cours et d'un « conseil d'élèves » hebdomadaire qui réunit tous les élèves de la classe et les trois professeurs engagés dans cette action.

La mise en place de conseils d'élèves repose sur l'idée que la gestion des aspects relationnels et la régulation de la parole influeront positivement sur les comportements et faciliteront la vie scolaire et, de ce fait, les apprentissages. Mais comme l'ont noté Haeberli (2004) et après lui Pagoni (2010), ce sont aussi des instances dans lesquelles peut se construire un rapport à la loi. La séquence que nous allons commenter a été enregistrée le 24 janvier 2017. Elle a été sélectionnée par le professeur d'appui en fonction de critères permettant son exploitation dans le cadre de la coformation mise en place dans l'établissement : cette séquence est brève (10'14''), bornée par une ouverture et une conclusion aisément identifiables ; elle est thématiquement homogène ; elle ne comporte pas de critique nominative à l'encontre des professeurs (ce qui n'est pas le cas de toutes les séquences) ; plus de la moitié des élèves interviennent : sur les vingt-deux élèves que compte la classe, treize prennent la parole. Outre ces propriétés formelles, la séquence a surtout l'avantage de fournir un bon exemple de la manière dont les différents enjeux évoqués plus haut se mêlent. La question de la loi y est en effet présente à plusieurs niveaux :

– sous la forme de l'ensemble des règles qui régissent le conseil. Les responsabilités y sont définies, avec six rôles qui ne peuvent être assumés que par des élèves : président de séance, distributeur de la parole, secrétaire « papier », secrétaire « écran » (adjoint), maitre du temps, compteur de voix. Les trois professeurs qui participent à la séance sont assis parmi les élèves et soumis aux mêmes règles que les autres participants : comme les élèves, ils lèvent la main pour demander la parole et attendent leur tour. Les deux rangées de tables sont disposées de manière à former un U et à laisser un espace central évidé. Le déroulement est ritualisé, marqué par des formules d'ouverture et de clôture prononcées par le président et qui découpent la séance en séquences thématiques en fonction des points à l'ordre du jour ;

– en tant que réservoir d'arguments mobilisés durant la discussion pour justifier les points de vue. L'ordre du jour, proposé par une élève, Freesca, porte sur la place des élèves dans la classe, mais ce qui motive sa demande c'est sa propre place qui ne lui donne pas satisfaction. Ce thème amène à discuter de la place de Djibril, élève turbulent, plusieurs fois changé de place sans que cela ait eu d'effet. Or, pour exposer leurs avis ou leurs propositions, les élèves prennent pour référence les conventions qui ont présidé au placement dans la classe ;

– comme la véritable finalité de la discussion, qui se découvrira progressivement. À travers le cas particulier de Freesca et surtout de Djibril, les élèves débattent en fait des règles et principes qui fondent la vie sociale de leur petite communauté et du rôle qu'ils y jouent.

La place de l'élève dans la classe est aussi un objet chargé de sens multiples. L'expression renvoie tout d'abord à la situation spatiale que cet élève occupe dans l'espace physique de la salle de classe, et c'est ce sens-là qui sera retenu par une grande partie des élèves durant les échanges, avec toutefois des ambigüités, comme nous le verrons par la suite. Mais la place assignée à un individu dans un groupe renseigne aussi, symboliquement, sur sa position institutionnelle, ou plus exactement sur la valeur qui lui est affectée – ou qu'il choisit – dans un système de relations sociales. Comme l'a montré Parlebas (1982) le caractère stratégique d'une place s'interprète en fonction de trois paramètres : la proximité avec certains membres de la communauté et la distance avec d'autres, la centralité, qui renseigne sur la capacité d'influence et la densité des liaisons, réciproques ou non.

Le cas de Djibril pose un problème intéressant pour l'analyste – mais fâcheux pour les enseignants – car, quelle que soit la place physique que les professeurs lui attribuent, cet élève turbulent tâche d'en faire une place à valeur stratégique en cherchant à capter l'attention de tous et à être un point focal par lequel passent les échanges. La mise à l'ordre du jour de cette question par Freesca, qui considère que le déplacement imposé à Djibril relève de l'arbitraire, va permettre aux enseignants de déléguer aux élèves le règlement du problème. Cette transmission explicite de la responsabilité n'interviendra qu'au milieu de la séance, lorsque le professeur, dans une prise de parole longue, d'abord très posée, mais dont le rythme s'accélère progressivement en s'accompagnant de gestes désignant plusieurs endroits de la salle, recadre le débat et finit par faire part de l'impuissance des enseignants :

[52] [Professeur] Là en fait vous êtes, vous êtes en train de faire un débat au-delà de la place. Il me semble hein c'est très très intéressant parce que vous êtes en train de réfléchir que les actions de chacun dans la classe en lien avec les règles et des conséquences. Et vous êtes en train de faire quelque chose de très intéressant qui a, qui est justement ce que veut vous donner le conseil, à savoir une réflexion sur les actions du professeur, en ça c'est totalement logique. Maintenant euh la place elle est... on a essayé de trouver en tant que professeurs des places pour que vous puissiez travailler dans des meilleures conditions. Djibril, pour donner l'exemple de Djibril, a été mis devant, après avoir été mis là, après avoir été mis là, après avoir été mis là, et devant. Il me semble que pour l'ensemble de la classe, c'est-à-dire pour le le sérieux de tous dans la classe, ça ne convenait pas. Il y a pas le respect. Qu'est-ce que vous, élèves, vous proposez pour régler ce problème sans qu'on tombe dans la sanction, la

sanction, la sanction, la sanction ? Qu'est-ce que vous proposez comme comme organisation pour régler ce problème-là ?

Le professeur est à la fois un interlocuteur intéressé qui souhaite que la discussion à laquelle il participe lui apporte une solution, et un enseignant qui élabore à l'intention de ses élèves un commentaire méta, faisant de cette séance une véritable séance d'apprentissage de l'argumentation. Il offre en effet un décryptage des différents enjeux qui s'entremêlent et fournit aux élèves une image de ce qu'ils sont en train de faire. La discussion porte en effet sur deux sujets, l'un qui est visible, l'autre qui est latent, et c'est l'intervention du professeur qui signale leur concomitance : il s'agit d'une part de traiter un problème précis, celui de la place des élèves et notamment le cas particulier d'un élève, et, d'autre part de réfléchir au fonctionnement de la communauté et à son autonomisation progressive, au sens propre du terme, c'est-à-dire à sa capacité de se donner des lois, dans le cadre contraint de la classe.

La discussion obéit à une double dynamique : globalement, elle passe du traitement d'un problème conjoncturel à une réflexion plus générale, plus distanciée ; mais tout au long des échanges des mouvements inverses ramènent les locuteurs vers l'évocation de situations personnelles. Les relations de camaraderie entre les élèves orientent leurs stratégies et le choix des positions qu'ils défendent. Ainsi, manifestement, Djibril a le soutien de Freesca, à l'origine du sujet de discussion, mais aussi de Yacouba et de Mélissa qui interviendront en sa faveur. En revanche, Hasna ne manifeste pas d'empathie avec Djibril et se range du côté de l'ordre en justifiant les décisions prises par les enseignants :

[23] [Hasna] moi je suis pas d'accord avec Freesca. Parce Djibril je suis pas d'accord avec Freesca Parce si Djibril il est derrière c'est qu'il a fait des bêtises

Durant la séance, Djibril, assis au deuxième rang, parait légèrement à l'écart, mais il intervient quatre fois dans la discussion, en adoptant chaque fois une position défensive. Ses deux premières interventions sont très brèves : il se contente de signaler son accord avec Freesca qui avait suscité le débat sur les places. Puis il se plaint que la place qui lui a été affectée ne lui permet pas de voir. Enfin, il invite ses camarades à s'identifier à lui pour comprendre son point de vue, puis dirige leur attention sur son camarade Yacouba, susceptible d'avoir le même comportement que lui :

[60] [Djibril] Vous, si vous serez ici vous allez bouder, pareil que moi, mais par exemple, si je fais un exemple, quelqu'un qui s'énerve vite par exemple Yacouba il s'énerve vite, et si on le met là-bas, eh bien, il va bouder pareil que moi

Yacouba ne lui en tiendra pas grief et prendra à son tour la parole, un peu plus tard, pour le défendre en évoquant l'intérêt de la coopération entre élèves et en condamnant ainsi l'isolement infligé à Djibril :

[68] [Yacouba] par exemple Djibril, il imagine, par exemple, moi je suis avec Falha par exemple si je comprends pas un truc par exemple si Djibril il est à côté de toi si Djibril il comprend pas un truc ben tu l'expliques

Il s'est écoulé plusieurs tours de parole entre ces deux interventions, mais les propos de Yacouba comportent une résonance des propos de Djibril : Yacouba reprend à Djibril le principe de l'identification et lui emprunte le procédé du recours à l'exemple, avec un calque imparfait qui fait passer de

« par exemple, si je fais un exemple, quelqu'un qui s'énerve vite par exemple Yacouba » à une formule assez chaotique où le mot « exemple » est également employé trois fois, mais pour introduire successivement des termes différents. Nous avions déjà noté dans d'autres corpus scolaires ce procédé d'écho différé qui fait qu'une formule peut se trouver réactivée par un autre locuteur après plusieurs tours de parole (Plane 2001). En l'occurrence, le propos confus de Yacouba fait se succéder les actants et varier les rôles qui leur sont attribués, jusqu'à trouver enfin le message à délivrer, marquant ainsi l'effort que lui demande cet essai d'argumentation. Une première tentative de formulation désigne Djibril, mais reste suspendue. La suivante met en scène l'auteur des propos, Yacouba, et son camarade Falha, mais sans attribuer de fonction à ce dernier. Enfin, un ultime segment d'énoncé généralise le propos en invitant chaque élève à s'identifier à un voisin de Djibril et en lui confiant le beau rôle, celui de l'élève qui sait expliquer ce qu'on ne comprend pas.

Manifestement, discuter de la place de Djibril amène les élèves à parler d'eux-mêmes sans l'avoir prévu et à rendre visibles des conflits qui les travaillent, partagés qu'ils sont entre la solidarité avec le camarade ostracisé et l'agacement contre le perturbateur qui met en péril le projet collectif.

4. POSITIONNEMENTS INDIVIDUELS ET RECHERCHE D'UN SENS PARTAGÉ

La discussion a pour point focal la place des élèves, thème mis à l'ordre du jour de la séance. Mais la notion de « place » est investie de différentes façons par les interactants, et plusieurs interprétations vont donc circuler au cours de la séance, jusqu'à ce que quelques élèves relèvent les ambigüités.

Nous avons relevé trois manières principales d'investir le thème de la « place » et de le mettre en rapport avec les notions de règle ou de liberté dans les propos des élèves :

1) La « place » est envisagée sous l'angle de la contrainte exercée par les enseignants

Cette focalisation apparait en début de discussion dans les propos de deux élèves qui considèrent que l'organisation de la classe relève de l'arbitraire des enseignants. Cette opinion les amène toutefois à réagir différemment. Ainsi Tesnim s'interroge sur l'intérêt de la discussion qui s'ouvre, car pour lui, tout est déjà joué :

> [3] [Tesnim] Moi je comprends pas trop le sujet puisque les profs y ont décidé, eh ben nous on n'a pas le choix

De son côté, Freesca, plus combattive, et qui est à l'origine du choix de ce thème de discussion, évoque la possibilité pour les élèves de s'affranchir, mais aussi les réactions négatives possibles des enseignants :

> [19] [Freesca] Moi, les profs y sont pas contents parce que si on va changer de places on va se mettre avec affinité c'est-à-dire avec les copains et tout donc on va discuter et tout après on va...

2) La « place » évoque la décision prise par la classe qui a collectivement tranché en faveur d'une disposition spatiale particulière des tables

Comme nous l'avons dit plus haut, les tables constituent un U formé de deux rangées concentriques. Cette configuration qui facilite les interactions entre élèves a été décidée en début d'année, en même temps qu'était présenté le projet de faire évoluer la classe vers une classe coopérative. Dans la mesure où cette disposition procède d'un choix opéré par les élèves, elle constitue un contrepoint à l'arbitraire des enseignants évoqué par Tesnim et Freesca. Mais elle devient cependant une loi, comme le rappelle Yanis qui signale le caractère intangible de cette décision :

[26] [Yanis] On a tous choisi de faire un U

3) La « place » renvoie à la position relative des élèves par rapport à leur voisinage, et relève à la fois de la règle et du choix.

Les relations interpersonnelles sont des préoccupations capitales, d'où le fait que plus d'un quart des interventions évoquent les relations de voisinage. Être éloigné d'un camarade ou, pire, être mis à l'écart, est une source de malaise. C'est d'ailleurs ce qui a justifié le choix du thème de discussion par Freesca :

[5] [Freesca] quand je suis là, je me sens pas dans la classe, ça me donne pas envie de parler

Djibril manifeste son soutien à Freesca, car le thème choisi le concerne au premier chef. Mais cela lui vaut une réplique de Hasna qui a décelé que cet accord sert une défense *pro domo* :

[23] [Hasna] moi je suis pas d'accord avec Freesca. Parce Djibril je suis pas d'accord avec Freesca Parce si Djibril il est derrière c'est qu'il a fait des bêtises

Mais d'autres élèves manifestent de la compassion envers Djibril, isolé de ses meilleurs camarades :

[28] [Mélissa] Bon moi je suis d'accord avec Freesca au lieu de mettre euh Djibril tout derrière et eux face au mur ou je sais pas quoi fallait le mettre devant parce que moi personnellement moi aussi quand je regarde Djibril il est tout seul là-bas il il a a l'air de je sais pas il <elle mime Djibril> moi je sais pas il faudrait au moins le mettre devant

[30] [Yacouba] Moi je dis je suis pas d'accord avec Hasna parce que imagine c'est toi qui es derrière bah bah imagine tu fais encore une bêtise tu tu vas derrière est-ce que t'aimes bien ça

La position des élèves dans cette classe obéit à une combinaison qui fait intervenir la règle et le libre arbitre. En effet, une règle a été fixée par les élèves eux-mêmes, celle de l'alternance garçon fille, règle que Yanis, décidément très légaliste, rappelle, prolongeant l'intervention dans laquelle il parlait de la structure de la salle :

[26] [Yanis] on a choisi une place, mais c'était parce on avait dit : fille, garçon ; fille, garçon

Mais du moment que cette règle est respectée, les élèves peuvent choisir leur place et donc leurs voisins. Sory évoque au début de la discussion la genèse de cette convention adoptée à la suite de plusieurs tentatives qui avaient échoué à assurer un fonctionnement paisible et efficace de la classe :

[8] [Sory] on a déjà... on a déjà essayé deux autres deux autres... enfin deux autres places et ça a pas fonctionné enfin ça a pas... tous les jours

Manissatou puis Yacouba rappellent que cette décision procède d'un vote, ce qui la met à l'abri de toute modification. Mais pour Manissatou qui fait preuve d'une certaine lucidité politique, le vote ne garantit pas que la décision prise convienne à tous. Sa compassion pour Freesca l'amène donc à découvrir les limites de la démocratie :

[10] [Manissatou] à quoi ça sert qu'on a voté, qu'on a voté de changer de place et maintenant on n'est pas... alors que maintenant on n'est pas satisfait. Alors ça veut dire que changer de place ça va ça va rien nous servir et Freesca, si si si t'étais là c'est parce que c'est parce que c'est pas notre faute, si t'es là c'est pas... voilà quoi

[16] [Yacouba], mais toi tu tu parles de changer les places, Mais on n'a pas voté pour changer les places

Le fait que des points de vue différents soient convoqués dans une discussion relève des fonctionnements ordinaires de la conversation. Mais s'ils ne sont pas décelés, ils sont source de malentendus. Le professeur intervient deux fois pour éviter cela, en début de session lorsqu'il demande que soit précisé le motif de la discussion, et en milieu de session pour faire la mise au point que nous avons citée. Mais le professeur n'est pas le seul à prendre en charge cette fonction d'interprète, des élèves assument également ce rôle. Cette entremise se manifeste à travers les tâches suivantes qu'ils se donnent :

1) Repérer les désaccords

Ainsi Manissatou et Mohamed perçoivent qu'un malentendu s'est installé : certains élèves pensaient qu'il était question que l'on renonce à la disposition en U, alors qu'il s'agissait de déplacer des élèves et non pas de changer la structure de la salle. Mohamed signale donc cette ambigüité et Manissatou, de son côté, fournit un exemple :

[34] [Manissatou] Non on changeait pas, genre on changeait d'enlever les U. On parlait de changer de place entre nous deux. Par exemple, moi si je veux changer de place, genre moi je me mets ici et Yannis il se met là quoi

2) Faire comprendre le point de vue d'autrui :

Nous avons évoqué plus haut les manifestations d'empathie exprimées sous la forme de la compassion à l'endroit de Djibril. D'autres élèves choisissent de faire partager le point de vue ou les sentiments qu'ils prêtent à un de leurs condisciples en les invitant à s'identifier à celui. C'est le cas notamment de Diako :

[39] [Diako] Mélissa toi tu veux changer de place, toi t'es là et Freesca elle est là euh ça va te faire ça va te plaire encore moins parce il y a Dierry et (?) à ta table alors tu voudras encore changer

3) Interpréter les propos des autres :

La séance est ponctuée par quelques interventions dans lesquelles leurs auteurs n'expriment pas leur point de vue propre, mais assurent le partage du sens, car ils se font les interprètes de leurs camarades. Leurs interventions présentent deux caractéristiques : ils précisent quel est l'auteur des paroles qu'ils commentent et ils signalent qu'ils sont en train d'en proposer une interprétation

[58] [Mohamed] je suis d'accord avec avec Dierry parce que Dierry, en fait pour ceux qui n'ont pas compris, il a dit faut pas se mettre avec ceux qui parlent pas il faut se mettre avec ceux que tu sais que tu vas pas leur parler

[62] [Tesnim] Moi juste je veux revenir à ce que tu as dit Freesca, moi je dis pas que la personne elle pense pas, mais peut-être elle a pas voulu le dire aujourd'hui ou elle a pas voulu en parler

5. POUR CONCLURE :
DONNER DU TEMPS AUX APPRENTISSAGES LANGAGIERS

Au terme de ce rapide examen de la séquence, il nous faut revenir sur les questions d'ordre didactique posées initialement afin de les envisager dans leurs différentes temporalités.

Pour les enseignants, chacune des séances constitue une mise à l'épreuve du dispositif mis en place. Au cours de cette séance, à aucun moment il n'a été nécessaire de rappeler les règles édictées dans le protocole et lues par l'élève-président en début de séance : « on ne se moque pas, on écoute celui qui parle, on demande la parole », car ces règles – qui ne sont pas que formelles – ont été respectées. Mais un recadrage a cependant été nécessaire, sous la forme d'un rappel des finalités de la discussion par le professeur d'appui. Sa longue intervention, réactive, a fourni aux élèves un décryptage en leur faisant comprendre que les enseignants étaient intéressés aux productions des élèves et que la discussion qu'ils menaient était donc fonctionnelle. De la sorte, une nouvelle dimension des apprentissages visés a été pointée : le projet n'a pas simplement pour objectif de faire découvrir par les élèves des règles de parole et de sociabilité, et de les amener à se les approprier, il vise également à constituer la classe en une communauté d'échanges et de travail intellectuel, avec des acteurs ayant des rôles différenciés – les professeurs et les élèves ne sont pas sur le même plan – mais qui entretiennent des liens de collaboration.

Du côté des élèves, le fait qu'il s'agisse d'une situation d'apprentissage est probablement perçu de façon très inégale. Certes, tous savent qu'ils sont en train d'apprendre un rituel de communication et que cela demande une certaine habituation. Le caractère pacifique de leur comportement montre qu'ils acceptent le protocole proposé. Mais il se trouve que la séance se distingue nettement des situations de classe habituelles dans lesquelles le contenu d'apprentissage relève explicitement d'un domaine disciplinaire. Dans ce cadre, le professeur – outre ses interventions de régulation – organise en général la parole, la sienne et celle des élèves, pour qu'elle serve l'acquisition de connaissances ou leur vérification. En particulier, il procède ou fait procéder par les élèves à des récapitulations ou à des conclusions partielles. Mais dans un conseil d'élèves, les rôles sont différents. Certains élèves l'ont bien compris qui ont développé spontanément des propos pouvant servir de conclusions partielles aux débats en signalant le rôle de la règle : la règle qui dicte la place des élèves apporte des désagréments, car elle les empêche de se mettre près de ceux avec qui ils ont envie de parler, mais elle les protège du bavardage et leur est donc utile. Telles sont les conclusions que Freesca, Mélissa, Manissatou tirent l'une après l'autre des échanges : « on va se mettre se mettre avec affinité, c'est-à-dire avec les copains et tout, donc on va discuter... » dit Freesca qui pourtant avait protesté contre la séparation d'avec ses camarades. Dierry va plus loin en expliquant que par amitié, il vaut mieux ne pas se mettre à côté de quelqu'un qui parle peu, car on risque de l'inciter à bavarder, ce qui lui nuirait :

> [56] [Dierry] on se met pas à côté des gens qu'on parle pas parce que si par exemple si on se met à côté d'un ami qui parle pas, euh après vous allez lui parler après elle elle va parler après elle on la va la punir

La séance a donc permis aux élèves de consacrer un court moment à une réflexion sur leur propre parole et sur les règles qui l'encadrent dans la classe. Mais, bien évidemment, elle ne suffit pas à transformer radicalement le comportement collectif des élèves, et la classe a continué à avoir son cours normal de bavardages et de petits conflits. Les progrès en matière de comportement interactionnel et de réflexivité dont font preuve les élèves sont réels, mais lents et peu spectaculaires, et c'est là une difficulté pour les enseignants participant à ce projet qui souhaiteraient étendre l'expérience et enrôler d'autres collègues. Mais l'analyse à postériori de la séance, qui leur a permis de constater quelques avancées, les a confortés dans leur volonté de donner du temps aux élèves pour qu'ils apprennent les règles de la parole à l'école.

Sylvie PLANE
Sorbonne Université
EA 4509 Sens Texte Informatique Histoire

RÉFÉRENCES BIBLIOGRAPHIQUES

BASSANO, D. 2008. « Acquisition du langage et grammaticalisation : le développement pour les noms et les verbes en français », dans F. Labrell & G. Chasseigne (dir.), *Aspects du développement conceptuel et langagier*, Saint-Denis : Publibook, p. 17-50.

BAUTIER, E. 2016. « Et si l'oral pouvait permettre de réduire les inégalités ? », *Les dossiers des sciences de l'éducation, 36*, p. 109-129.

BEN SOUSSAN, P. & RAYNA, S. (dir.). 2018. *Le programme « Parler bambin ». Enjeux et controverses.* Toulouse : Eres.

BEHRA S., CAROL, R. & MACAIRE, D. 2016. « L'apprentissage de la langue de scolarité : vers une école maternelle "davantage inclusive" », *Le français aujourd'hui*, 195, p. 47-62.

BERNIÉ, J.-P. 2002. « L'approche des pratiques langagières scolaires à travers la notion de "communauté discursive" : un apport à la didactique comparée ? », *Revue Française de Pédagogie*, 141, p. 77-88.

CLAUS, Ph. 2013. *Bilan de la mise en œuvre des programmes issus de la réforme de l'école primaire de 2008. Rapport à M. Le Ministre de l'Éducation nationale.* Ministère de l'Éducation nationale.

DE BODMAN, F., DE CHAISEMARTIN, C., DUGRAVIER, R., GURGAND, M. 2017. *Investissons dans la petite enfance. L'égalité des chances se joue avant la maternelle.* http://tnova.fr/system/contents/files/000/001/400/original/31052017_-_Investissons_dans_la_petite_enfance.pdf?1496938599

DELHAYE, C. 2019. *Faire du grand oral un levier d'égalité des chances. Rapport remis à Jean-Michel Blanquer*. Ministère de l'Éducation nationale.

DOLZ, J. & SCHNEUWLY, B. 2009. *Pour un enseignement de l'oral : initiation aux genres formels à l'école*. Montrouge : ESF.

FLORIN, A. 2010. « Le développement du lexique et l'aide aux apprentissages », *Enfances et Psy*, 47, p. 30-41.

GADET, F. & GUÉRIN, E. 2008. Le couple oral/écrit dans une sociolinguistique à visée didactique. *Le français aujourd'hui*, 162, p. 21-27.

GRANDATY, M. 2011. « Interactions et apprentissages disciplinaires : la médiation de l'enseignant » *Carrefours de l'éducation* HS, 125-131.

HAEBERLI, Ph. 2004. « Les conseils de classe : du symbole au droit ». *Spirale*, 34, p. 27-40.

HART, B. & RISLEY, T.R. 2003. « The early catastrophe », *Education review*, 17-1, 110-117.

HECKMAN, J. 2006. « Skill Formation and the Economics of Investing in Disavantages Children », *Science* Vol. 312 Issue 5782, p. 1900-1902.

MALÂTRE, A. 2012. « Contribution à la concertation sur l'école : priorité au primaire ». Institut Montaigne https://www.institutmontaigne.org/publications/contribution-la-concertation-sur-lecole-priorite-au-primaire

JAUBERT, M. & REBIÈRE, M. 2011. « Positions énonciatives pour apprendre dans les différentes disciplines scolaires : une question pour la didactique du français ? » *Pratiques*, 149-150, p. 112-128.

LAFONTAINE, L., DUMAIS, C. & PHARAND, J. 2016. « L'oral au 1er cycle de l'école primaire québécoise : assises théoriques et démarche d'enseignement et d'évaluation », *Repères*, 54, p. 101-119.

LAPARRA, M. 2019. « Quelque chose du rocher de Sisyphe », *Les Cahiers pédagogiques*, 553, 55-56.

MATHIOT, P. 2018. *Un nouveau baccalauréat pour construire le lycée des possibles*. Rapport remis à Jean-Michel Blanquer Ministre de l'Éducation nationale.

MAURIN, E. 2004. *Le ghetto français. Enquête sur le séparatisme social*. Seuil.

NONNON, E. 1999. « L'enseignement de l'oral et les interactions verbales en classe : champs de référence et problématiques », *Revue française de pédagogie* 129, 87-131.

PAGONI, M. 2010. « La gestion des conseils de classe à l'école primaire : quelle professionnalité de l'enseignant ? », *Travail et formation en éducation* [En ligne], 5 | 2010, mis en ligne le 14 juin 2010, consulté le 12 octobre 2018. URL : http://journals.openedition.org/tfe/1124

PARLEBAS, P. 1992. *Sociométrie, réseaux et communication*. Paris : PUF.

PLANE, S. 2001. « Deux dimensions du travail oral : construction sociale, construction cognitive », dans M. Grandaty et G. Turco (dir.), *L'oral dans la classe - Discours, métadiscours et construction de savoirs*. INRP, p. 196-232.

PLANE, S. 2015. « Pourquoi l'oral doit-il être enseigné ? » *Les Cahiers Pédagogiques*. http://www.cahiers-pedagogiques.com/Pourquoi-l-oral-doit-il-etre-enseigne

VEYRUNES, Ph. 2011. *Formats pédagogiques et configuration de l'activité collective à l'école primaire*. HDR Université Toulouse II le Mirail.

S'APPROPRIER LES CONSTRUCTIONS DES VERBES *SE SOUVENIR* ET *OUBLIER* : PRENDRE EN COMPTE LA PAROLE DES ÉLÈVES ALLOPHONES

Résumé : Ayant constaté que les élèves allophones investissent de façon singulière les constructions verbales à l'écrit, nous avons fait le choix théorique d'une syntaxe valencielle, pour décrire les usages de deux verbes antonymiques se souvenir *et* oublier *et nous avons conçu un dispositif didactique articulant lecture, production et réflexion métalinguistique dont les effets ont été mesurés à distance dans une production orale autonome enregistrée et transcrite. La comparaison entre les écrits initiaux et les prestations orales fait apparaitre une forte tendance à privilégier les compléments nominaux à l'oral comme à l'écrit, mais également des compétences spécifiques à l'oral.*

Dans une recherche précédente (Elalouf et Roubaud, 2016), nous avons montré que les descriptions lexicographiques usuelles ne suffisent pas à rendre compte des usages écrits d'élèves allophones et que, pour leur permettre de s'approprier la diversité des constructions possibles et les valeurs sémantiques qui leur sont associées selon les contextes, il était nécessaire de s'appuyer sur des corpus plus vastes, oraux et écrits.

L'examen d'un corpus d'écrits, produits par des élèves d'une unité pédagogique pour élèves allophones arrivants (UPE2A), à partir d'une phrase inductrice (*je me souviens... j'ai oublié...*), a permis de dégager de grandes tendances à partir desquelles nous avons ainsi conçu, avec leur enseignante[1], un dispositif didactique articulant un travail d'écriture et l'étude des constructions de deux antonymes. Celui-ci a été reconduit en 2018, après analyse de la première mise en œuvre, avec des adaptations, la principale consistant à enregistrer une production orale onze jours après la production écrite.

---

1.   Nous remercions Carole Merlet de nous avoir ouvert sa classe et permis d'accéder aux productions de ses élèves.

Les productions écrites recueillies en 2018 seront comparées à celles de 2016 afin de mettre à l'épreuve notre premier diagnostic concernant les usages de *se souvenir* et *oublier* par des élèves allophones : retrouve-t-on des structures syntactico-lexicales fondamentales, incluant des constructions non attestées dans les dictionnaires et néanmoins prédictibles ? Les emplois sont-ils les mêmes à l'écrit et à l'oral ? Nous les confronterons, notre hypothèse étant qu'il est nécessaire de prendre en compte la parole des élèves allophones sous toutes ses formes dans la didactisation des savoirs lexicaux.

1. ARRIÈRE PLAN

1. 1. Sur le plan théorique

Pour étudier ces deux verbes, nous avons choisi le cadre de l'*Approche pronominale* (Blanche-Benveniste, Deulofeu, Stefanini, Eynde, 1984) qui propose une description fondée sur le verbe, s'appuyant sur les dépendances morphosyntaxiques observables à l'oral comme à l'écrit. Cette approche, inspirée des travaux sur les questions de valence et de rection verbale (Tesnière, 1959 ; Blanche-Benveniste et al., 1984 ; Eynde et Mertens, 2003), envisage la problématique des compléments en partant du noyau verbal pourvu de ses indices de construction (c'est-à-dire des pronoms clitiques qu'il admet dans son environnement immédiat), pour revenir à leur forme lexicale. Pour une valence de type nominal (SN) ou pronominal (Pronom), nous utiliserons le terme de « complément nominal » et pour une valence de type verbal : infinitive (S. Inf) ou subordonnée en *que, quand, si...* (Que-C, Quand-C, Si-C[2]...), le terme de « complément verbal ».

Pour recenser les différentes formes de compléments dans la valence des verbes *se souvenir* et *oublier*, nous avons consulté le *Dictionnaire des verbes du français actuel* (Florea et Fuchs, 2010) qui constitue notre référence de base puisqu'il s'appuie sur de nombreux dictionnaires. On y trouve pour *se souvenir* (p. 243) et *oublier* (p. 182), plusieurs types de compléments : nominaux (SN), verbaux (S. Inf, Que-C) et pour *se souvenir* (une Qui-C : *qui est venu*)[3].

Le dispositif didactique s'appuie sur le modèle valenciel qui met en relation de façon étroite les niveaux lexical et syntaxique, le verbe étant conçu comme « le lieu où contraintes de forme et contraintes de sens se conditionnent réciproquement, comme l'interface de deux plans » (Meleuc, 2000, p. 69) pour articuler, comme le préconise Serge Meleuc, des activités épilinguistiques intégrées à l'expression et des activités métalinguistiques explicites. Les textes lus par les élèves le sont pour eux-mêmes, non pour être imités ; mais la production écrite qui suit leur lecture manifeste une intense négociation épilinguistique, soutenue par le professeur et les outils de la classe auxquels les

---

2.   Les subordonnées sont nommées par leur introducteur, suivi de la lettre C : abréviation de « Construction ».
3.   D'autres dictionnaires recenseront d'autres types de compléments (cf. suite de l'article).

élèves sont renvoyés[4]. L'enjeu d'un classement collectif des formes produites par les élèves est explicité. Il permet une objectivation des formes susceptibles d'être réinvesties dans l'expression orale ou écrite, selon une dynamique comparable à celle décrite par Claudine Garcia-Debanc, Karine Duvigneau, Claire Dutrait et Michel Gangneux (2009, p. 225) dans une étude sur les verbes de déplacement en fin d'école primaire : « La motivation du travail d'étude de la langue est l'écriture, en amont et en aval d'un travail de langue. Celui-ci repose à la fois sur l'activation du vocabulaire déjà disponible pour les élèves et sur des observations et classifications de mots en discours et en langue ».

1. 2. Sur le plan méthodologique

Le corpus a été constitué en 2018 avec la même enseignante qu'en 2016. En 2018, 16 élèves (9 filles et 7 garçons), scolarisés dans un collège de la région parisienne classé REP+ (réseau d'éducation prioritaire), ont participé à l'expérimentation. Ces primo-arrivants sont d'origines diverses (8 pays représentés) : Algérie (8 élèves), Colombie (2), Angola, Chine, Italie, Moldavie, Soudan et Turquie (1).

L'enseignante a repris en 2018 les mêmes lanceurs d'écriture : un extrait de l'ouvrage de Georges Pérec, avec ses 480 sections commençant par *je me souviens*, et l'une des chansons de Grand Corps Malade, également rythmée par une anaphore *: j'ai oublié*. L'extrait de Pérec privilégie la construction *se souvenir* avec *de* + SN (10 occurrences sur 10), celui de Grand Corps Malade, le syntagme infinitif (12 occurrences sur 14 : « J'ai oublié *de prendre le temps de voir passer les nuages.* »), les deux autres occurrences étant avec un SN et une subordonnée en *ce que*. Le choix de textes rythmés par une anaphore devait permettre aux élèves d'explorer une diversité de constructions représentées ou non dans les textes lus.

Comme en 2016, l'enseignante part des usages oraux des élèves en suscitant l'emploi de ces verbes à partir d'une image symbolique[5]. Le verbe *oublier* est immédiatement proposé car il fait partie du quotidien des élèves (*j'ai oublié mon carnet*), à la différence du verbe *se souvenir* qui doit être introduit par l'enseignante après plusieurs tâtonnements (*savoir, rattraper, se rappeler*). S'appuyant sur ce dernier verbe, utilisé pour mobiliser la mémoire didactique (par exemple : *allez, on se rappelle ce qu'on a fait hier*), elle propose des énoncés comportant *se souvenir* et enchaine avec la lecture de l'extrait de Georges Pérec. L'échange qui en résulte permet d'élaborer la première consigne d'écriture : « On fait une collection de petits plaisirs + ça peut être un souvenir à vous ou un souvenir inventé »[6]. Les élèves écrivent individuellement, avec l'étayage

---

4. On trouvera sur le site de Scolagram la présentation des élèves, les supports utilisés ainsi que la totalité du corpus de 2018 : https://scolagram.u-cergy.fr/attachments/article/217/corpus%202018-UPE2A-20-01-2020.doc
5. Toutes les séances ont été filmées.
6. Les exemples extraits des productions écrites des élèves sont restitués dans leur syntaxe et leur orthographe d'origine et suivis entre parenthèses de leur référence dans le corpus (prénom codé, classe de l'élève).

différencié de l'enseignante. À l'issue de cette première phase d'écriture, le passage à l'observation des usages est clairement marqué : « j'ai envie de voir comment vous avez utilisé ce verbe *se souvenir* ». Le classement des formes se fait au tableau par comparaison entre les constructions proposées et celles qui s'écartent de la norme sont signalées par une croix.

Le verbe *oublier* est abordé de la même façon. Les élèves déduisent d'eux-mêmes la consigne d'écriture, encouragés par leur enseignante : « et cette fois vous avez le droit d'avoir oublié ». Le classement collectif des formes s'effectue 10 jours plus tard. C'est l'occasion, pour l'enseignante de revenir sur les constructions verbales produites par les élèves et de les mettre en parallèle : *je me souviens de + SN / j'ai oublié SN, je me souviens / j'ai oublié que, quand, où…, je me souviens / j'ai oublié de + infinitif*. La principale difficulté tient dans la présence de la préposition avec *se souvenir* et son absence avec *oublier* dans le cas d'un SN. L'enseignante attire l'attention sur des constructions non normées comme : *j'ai oublié faire le ménage à la maison, j'ai oublié pour amener un gâteau, je me souviens comme j'étais en Algérie*.

L'après-midi, elle sensibilise les élèves aux deux sens du verbe *oublier*, selon sa construction syntaxique, en les faisant reformuler, puis en leur faisant produire de nouveaux exemples correspondant à chacun des sens :

(a) J'ai oublié *que j'ai fait un gâteau hier*.

Reformulation par les élèves : Hier, la personne a fait un gâteau et elle a oublié qu'elle en avait fait un.

➜ sens de : oublier d'avoir fait / ne pas se rappeler

(b) J'ai oublié *d'acheter un cadeau*.

Reformulation par les élèves : La personne a oublié de faire quelque chose

➜ sens de : oublier de faire

En effet, avec un infinitif, (b), le verbe *oublier* correspond à une omission et dans les autres cas (a), à une perte de savoir.

En fin d'après-midi, l'enseignante lance l'idée d'un défi, employer dans une même production les verbes *se souvenir* et *oublier*, avec la consigne suivante : « Vous parlerez de l'école de votre pays d'origine. Vous êtes libre de parler de tout ce qui relève de l'école : les professeurs, les cours, l'organisation, la cantine, le matériel scolaire, les camarades de classe, les devoirs, etc. » Le lendemain, chaque élève répond au défi, sans aucun entrainement préalable. Toutes les vidéos sont transcrites[7] et les exemples cités sont référencés comme ceux des textes écrits, mais la mention « oral » permet de les distinguer. L'enseignante avait demandé à ce que ce temps de parole soit d'au moins une minute (« comme pour le DELF[8] au moins »). Les élèves ont été

---

7.   Transcription du français parlé selon les conventions de DELIC (Équipe Délic, 2004). Il n'y a ni ponctuation, ni majuscule, seulement des pauses, notées « + ». Voir annexe sur le site de Scolagram.
8.   Le DELF (Diplôme d'études en langue française) valide les compétences en français de personnes étrangères.

très motivés par ce défi : le temps de parole varie de 27 secondes (Ab, 6ᵉ) à presque 3 minutes (Li, 5ᵉ).

Un corpus écrit a ainsi été recueilli, pouvant être comparé à celui de 2016, ainsi qu'un corpus oral, produit le lendemain d'un retour sur la norme et les différentes constructions verbales possibles avec *se souvenir* et *oublier*.

2. DES USAGES ÉCRITS

2. 1. Les usages de *se souvenir* à l'écrit

Comparons les résultats obtenus en 2018 (tableau 1b) à ceux de 2016 (1a) :

emplois de *se souvenir* en 2016	nombre d'occurrences (forme) et pourcentage (21 textes)	
SN	**52 (+ *de*)** ; 14 (- *de*)	**54,5 %**
Pronom	0	0 %
S. Inf	0	0 %
Que-C	9 (+ *que*) ; 5 (- *que*)	11,5 %
Quand-C	36	**30 %**
Autres subordonnées	2 (*comment, qui*)	1,6 %
aucun complément	3	2,4 %
TOTAL	**121**	**100 %**

Tableau 1a : Les emplois de *se souvenir* à l'écrit en 2016

emplois de *se souvenir* en 2018	nombre d'occurrences (forme) et pourcentage (16 textes)	
SN	**32 (+ *de*)** ; 1 (+ *à*) ; 17 (- *de*)	**65,7 %**
Pronom	0	0 %
S. Inf	1 (+ *de*) ; 1 (v. conj)	2,6 %
Que-C	2 (+ *que*) ; 3 (- *que*)	6,7 %
Quand-C	11	**14,5 %**
Autres subordonnées	6 (*comme*)	7,9 %
aucun complément	2	2,6 %
TOTAL	**76**	**100 %**

Tableau 1b : Les emplois de *se souvenir* à l'écrit en 2018

En 2018, comme en 2016, les élèves proposent plus d'emplois que ceux contenus dans l'extrait de Pérec (toutes les occurrences étaient du type : « se souvenir *de* + SN »).

Comme en 2016, la situation d'écriture, a induit le choix des lexèmes comme *le premier jour d'école, la première fois* :

(1) Je me souviens *de mon premier Jour à l'école.* (Ab, 6ᵉ)

La construction verbale est souvent suivie d'un bref commentaire ou d'une brève explication :

> (2) Je me souviens de mon premiere fois a la plage, je suis très très content. (MC, 6ᵉ)
> (3) Je me souviens mon premiére gâteux c'est très bonne parce-que c'est moi qui cuisiner le gâteux. (Av, 6ᵉ, 2018)

Ces routines discursives, reposant sur des relations de préalable ou d'attente de type Action + Continuation correspondent à un niveau de structuration basique à l'oral « où les énonciations qui se succèdent apparaissent liées par des fonctions de nature purement praxéologique (préparer un faire, confirmer un faire, continuer un faire…) » (Groupe de Fribourg, 2012).

Les constructions placées dans le tableau sous le titre « sans complément » (*je me souviens*) sont davantage des énoncés inachevés qui apparaissent à la fin des textes.

Les usages les plus fréquents en 2018 comme en 2016 sont d'abord de construire un SN prépositionnel puis une Quand-C., non signalée dans les dictionnaires, mais attestés dans les corpus écrits et oraux (Elalouf et Roubaud, 2016) :

> (4) Je me souviens de ma meilleur ami de mon pays. (MC, 6ᵉ)
> (5) Je me souviens quand dans la colombie avec ma famillie on a allez dans un lieu que il y a des piscines et aussi il y a un zoo et une très petit ville. (St, 6ᵉ)

Revenons plus précisément sur chaque construction du verbe *se souvenir*.

Cas du SN

Dans les dictionnaires consultés, le SN est précédé de la préposition *de* (« se souvenir *de sa jeunesse* »). Mais les usages des élèves révèlent des difficultés :

– à construire *se souvenir* avec une préposition

On lit dans les extraits suivants les hésitations du même élève, quel que soit l'âge, à employer ou non la préposition *de* :

> (6) Je me souviens *de Versailles* […] (Av, 6ᵉ)
> (7) Je me souviens *mon frère et mon autre frère*. (Av, 6ᵉ)
> (8) Je me souvien *mon pupitre*. (Sa, 5ᵉ)
> (9) Je me souvent *de l'odeur de mon livre*. (Sa, 5ᵉ)
> (10) Je me souviens *dun garçon*. (Al, 4ᵉ, 2018)
> (11) Je me souviens *une voiture quel couter 1.000.000$*. (Al, 4ᵉ)

– à choisir une préposition

Un élève emploie *à*, préposition la plus fréquente en français avec *de*, pour construire son SN :

> (12) Je me souvien *à l'école avec Mina*. (L, 5ᵉ)

Cas du pronom

L'exemple représentatif des dictionnaires est : « se souvenir de *lui* ». Or aucune attestation n'apparait dans les productions d'élèves en 2018 comme en 2016.

Cas du syntagme infinitif

Dans les dictionnaires consultés, nous trouvons ces deux emplois : « se souvenir *d'avoir lu*, se souvenir *avoir marché* (au sens de : se rappeler *avoir marché*) ». Or il n'y a aucun exemple en 2016 et un seul en 2018, produit par un élève d'origine chinoise qui s'est servi de Google traduction pour traduire son idée :

(13) Je me souviens *d'être venu à l'école du lundi au vendredi.* (We, 6ᵉ)[9]

Nous trouvons en revanche, dans le corpus, cet exemple qui nous interroge :

(14) Je me souviens *cherche mon vrer [frère] avec papa et Mina.* (L, 5ᵉ)

Le verbe qui suit *se souvenir* est en apparence un verbe conjugué, mais étant donné la quasi-absence d'accentuation (cf. « vrer » dans le même exemple), il se peut que ce soit un infinitif (je me souviens *chercher mon frère*) qui aurait d'ailleurs le sens de *rappeler* : les dictionnaires indiquent bien que l'absence de préposition est requise dans ce cas.

Sans nul doute, il y a une vraie difficulté à construire, à l'écrit, un syntagme infinitif avec *se souvenir*, alors que les élèves natifs en produisent à l'écrit, avec ou sans *de* (Elalouf et Roubaud 2016).

Cas des Que-C
L'exemple représentatif des dictionnaires est : « se souvenir *qu'il a dit cela* ». Des énoncés construits avec une Que-C s'observent en 2018, comme en 2016 :

(15) Je me souviens *que tous les weekends dans la Colombie a la maison de ma tante et nous sortons dans la rue.* (St, 6ᵉ)

Cas des Quand-C
Dans les dictionnaires consultés, il n'est fait aucune mention de ce type de construction. Or en 2018, comme en 2016, les Quand-C tiennent le deuxième rang dans la fréquence des emplois (30 % en 2016 et 14,5 % en 2018) et sont produites quel que soit l'âge des élèves :

(16) Je me souviens *quand j'étais dans le avion Je avez vu la tour eiffel.* (St, 6ᵉ)

Nous avions remarqué dans notre recherche précédente que les élèves natifs, dans la même situation d'écriture, à l'inverse des allophones avaient produit trois fois plus de Que-C que de Quand-C. En 2018, nous confirmons l'emploi privilégié de ces temporelles sur les complétives en UPE2A. Le *quand* est fondateur de la scolarité des élèves allophones. Leur enseignante passe beaucoup de temps à mettre en place des repères temporels[10] : « Quand avez-vous cours d'histoire-géographie ? ». Sur le plan didactique, elle introduit systématiquement, dans ses cours, une contextualisation qui passe par *quand* (« quand vous êtes arrivés… »). Ces temporelles servent aux élèves à marquer un évènement important dans leur vie, à passer d'un complément nominal à un complément verbal, ce qui leur permet de poursuivre leur évocation au-delà de la Quand-C :

(17) je me souviens que quand je suis partie au un supermarché J'ai volé un *chose et puis elle ma attrépé la police et après je suis partie au préssonts.* (Wa, 5ᵉ)
(18) Et aussi je me souviens ~~que~~ quand jai etais a hopîtale ma professeur favori qui s'appelle Madame M. *elle ma visité car jai etais Malade.* (Wa, 5ᵉ)

---

9. En l'absence de dictionnaire français-chinois dans la classe, Google traduction est utilisé. Voir sur le site de Scolagram la liste des dictionnaires utilisés dans la classe.
10. C'est ce qu'on entend dans les vidéos des séances de classe.

Dans ce dernier exemple, l'élève a abandonné la production de la Que-C au profit d'une Quand-C, barrant le mot *que* ; l'usage de *quand* lui permet d'abord de situer l'évènement à raconter dans le temps puis d'expliciter ce souvenir, selon la routine discursive décrite précédemment.

Comme en 2016, des exemples sans marqueur morphologique entre les deux constructions verbales sont produits :

(19) Je me souviens *hier j'ai manger un gâteaux au chocolat* il étais délicieu. (Ab, 6ᵉ)
(20) Hier Je me souvens *j'Acheter le pin* (A, 3ᵉ, 2018)

En 2016, nous avions placé ces structures dans les Que-C, en indiquant l'absence de *que* et en signalant que ces deux constructions étaient rattachées en macrosyntaxe :

(20) [Hier Je me souvens]₍Pré-Noyau₎ [j'Acheter le pin]₍Noyau₎

Nous avons en effet affaire à une seule unité macrosyntaxique (Sabio, 2011). La première construction « hier je me souviens » est un élément pré-noyau qui n'a pas d'autonomie communicative et où la négation est impossible (* *je me souviens pas hier j'ai acheté du pain*). La seconde construction « j'ai acheté le pain » est le noyau. Aujourd'hui, même si nous avons adopté le même principe de classement, nous pensons que la relation qui lie les deux constructions verbales n'est pas seulement complétive (du type Que-C), mais peut être aussi temporelle (type Quand-C). C'est ainsi que nous pouvons avoir deux interprétations selon le marqueur morphologique que l'on sous-entend :

(19) *Je me souviens hier j'ai manger un gâteaux au chocolat il étais délicieu.* (Ab, 6ᵉ)

1° Interprétation : Je me souviens *qu'*hier j'ai manger un gâteaux au chocolat il étais délicieu.
2° Interprétation Je me souviens *quand* hier j'ai manger un gâteaux au chocolat il étais délicieu.

Cela pourrait expliquer les hésitations des élèves à produire *que* ou *quand*, étant donné les deux interprétations. Cela conforterait également l'idée que l'objectif de l'élève est de mentionner un fait ou un évènement marquant de sa vie.

Cas des autres subordonnées

Dans les dictionnaires consultés, les exemples sont nombreux tout en ne présentant qu'un certain nombre de ces morphèmes (*si, comment, qui, à qui, combien, comme, de ce que*)[11]. En 2016, nous avions obtenu deux constructions, l'une avec *comme* et l'autre avec *qui*. En 2018, deux élèves sur 16 ont produit à eux seuls trois exemples en *comme*, le premier les produisant en série, *se souvenir* étant mis en facteur commun, le second dans trois énoncés séparés, que nous présentons ci-dessous :

(21) je me souviens *comme ma sorue elle nè cette ète le 24 decembre.* / je me souviens *comme venir an franse Paris* / je me souviens *comme j'a venir an classe de UPE2A.* (Ra, 3ᵉ)

L'enseignante reviendra sur ces énoncés pour les rejeter. Cependant, une remarque peut être faite sur cet emploi : l'emploi de *comme* est sémantiquement

---

11. Exemples extraits de différents dictionnaires : se souvenir *si j'ai éteint la lumière, comment elles se détestaient, qui est venu, à qui j'ai dit cela, combien me frappait naguère le mot, comme madame la marquise l'aimait, de ce que nous disions.*

proche de *quand* (et même phonétiquement pour ces élèves de langue arabe), car il situe un évènement dans le temps qui peut être daté (*le 24 décembre*). En conséquence, l'usage des temporelles augmente alors en fréquence (22,4 % en *quand* ou *comme*, cf. tableau 1b).

2. 2. Les usages de *oublier* à l'écrit

Comparons les résultats obtenus en 2018 (tableau 2b) à ceux de 2016 (tableau 2a) :

emplois de *oublier* en 2016	nombre d'occurrences (forme) et pourcentage (15 textes)	
SN	**34 (- *de*)** ; 3 (+ *de*)	**54,4 %**
Pronom	0	0 %
S. Inf	**8 (+ *de*)** ; 1 (- *de*) ; 2 (*de* + v. conj.) ; 3 (v. conj.)	**20,6 %**
Que-C	4	6 %
Quand-C	1 (*quand*) ; 1 (de + *quand*)	3 %
Autres subordonnées	8 ; (4 *comment*, 3 *quel*, 1 *qu'est-ce que*)	11,7 %
aucun complément	3	4,3 %
TOTAL	**68**	**100 %**

Tableau 2a : Les emplois de *oublier* à l'écrit en 2016

emplois de *oublier* en 2018	nombre d'occurrences (forme) et pourcentage (16 textes)	
SN	**54 (- *de*)** ; 3 (+ *de*)	**61,3 %**
Pronom	0	0 %
S. Inf	**11 (+ *de*)** ; 9 (- *de*) ; 1 (+ *à*) ; 4 (+ *pour*) ; 1 (*de* + v. conj.) ; 3 (v. conj.)	**31,2 %**
Que-C	5	5,4 %
Quand-C	0	0 %
Autres subordonnées	2 (*où*)	2,1 %
aucun complément	0	0 %
TOTAL	**93**	**100 %**

Tableau 2b : Les emplois de *oublier* à l'écrit en 2018

En 2018, comme en 2016, on relève plus d'emplois que n'en propose l'extrait de Grand Corps Malade (12 occurrences en *de* + S. Inf., 1 SN et 1 en *ce que*).

Les usages les plus fréquents en 2018 comme en 2016 sont d'abord de construire un SN, majoritairement non prépositionnel puis un syntagme infinitif majoritairement prépositionnel :

(22) J'ai oublié *mon classeur* à la maison. (Ab, 6ᵉ)
(23) J'ai oublié *de dire Bon-Jour à ma mère*. (Be, 6ᵉ)

Revenons plus précisément sur chaque construction du verbe *oublier*.

Cas du SN

Dans les dictionnaires consultés, seule la construction nominale sans préposition est attestée : « oublier *son portable* ». Comme en 2016, c'est l'usage qu'en ont les élèves (cf. tableaux 2). Cependant une hésitation est perceptible chez un élève de 5ᵉ ; c'est le même qui avait produit *se souvenir* avec et sans *de* :

> (24) J'ai oublié *ma trousse* a la maison. (Sa, 5ᵉ)
> (25) Hier, J'ai oublié *de ma sharp* a l'école. (Sa, 5ᵉ)

Comme pour *se souvenir*, la recherche de la préposition pour introduire le SN est présente, témoin cet élève qui juxtapose *de* et *à*, par deux fois dans son texte :

> (26) j'ai oublié *de a* ma mère. (Ra, 3ᵉ)
> (27) j'ai oublié *de a* mon frereru *[frère]*. (Ra, 3ᵉ)

Cas du pronom

Dans les dictionnaires consultés, l'emploi est attesté : « *l'*oublier, ne pas *l'*oublier ». Or aucune attestation en 2018 comme en 2016.

Cas des Que-C

Des énoncés construits avec une Que-C sont produits en 2018 comme en 2016 :

> (28) J'ai oublié *que aujourdhui ce ferié* [c'est férié]. (Be, 6ᵉ)

Cas du syntagme infinitif

Les exemples attestés, dans les dictionnaires, sont du type : « oublier *de payer* une facture ». La préposition devant l'infinitif est obligatoire. Or en 2018, un nombre non négligeable de constructions sans *de* est à noter (cf. tableau 2b). Deux élèves n'ont d'ailleurs que cette construction :

> (29) j'ai oublie *donner le repas à mon poisson* / j'ai oublie *dir aurevoir a mon petite frère.* / j'ai *oublie manger dans la matin.* (MC, 6ᵉ)
> (30) J'ai oublié *taper Ales*, J'ai oublie *Aporter des objets.* (A, 4ᵉ)

De plus en 2018, un nombre plus important de prépositions apparait pour construire l'infinitif. On trouve bien évidemment *de,* mais aussi *à* et *pour* (ce que nous n'avions pas en 2016) :

> (31) J'ai oublié *à faire* un cadeau a ma soeur. (Sa, 5ᵉ)
> (32) j'oublie *pour faire* un Bisous a mamire. (Na, 5ᵉ)

Un élève n'a d'ailleurs que la préposition *pour*, qu'il reprend dans trois énoncés :

> (33) j'ai oublié *pour faire* mon exercice. / j'ai oublié pour achetes Les bonbon. / j'ai oublié pour voir mon dissin animée. (Li, 5ᵉ)

L'enseignante reviendra sur cette construction en *pour* et proposera de mettre *de*. Comme on le constate, il n'est pas toujours très facile de choisir la bonne préposition[12], d'autant plus lorsqu'on est un élève allophone. Même si le texte

---

12. D'où l'usage du *Prépositionnaire* (Bulma, 2003) par les adultes qui cherchent eux aussi la bonne préposition construisant le complément d'un verbe.

inducteur proposait une majorité de syntagmes infinitifs en *de* (12 occurrences sur 14), il semble bien que ce soit la complexité à transposer qui soit en jeu ici.

Nous avions déjà montré en 2016 que le verbe *oublier* ne fonctionne pas de la même façon que *se souvenir*, en ce qui concerne la possibilité de construire une Que-C ou un S. Inf. Si avec *se souvenir*, produire l'une ou l'autre ne change pas le sens du verbe qui demeure « se rappeler » (*se souvenir que nous sommes sortis dans la rue = se souvenir être sortis dans la rue*), en revanche, avec *oublier*, il n'en est pas de même (cf. supra). Avec *oublier que je suis allé voir l'Arc de Triomphe*, il s'agit d'une perte de savoir (*ne plus se souvenir*) et avec *oublié d'aller voir l'Arc de Triomphe*, d'une omission (*avoir oublié*), point sur lequel est revenue l'enseignante, avant le défi. Le problème se pose quand nous trouvons derrière *oublier* une forme verbale (appelée « v. conj. » dans les tableaux 2), que nous avons considérée comme un infinitif, étant donné la quasi-absence d'accentuation dans ces textes :

(34) J'ai oublie *change* l'eau de mon poison. (St, 6ᵉ)
(35) J'ai oublie *cherche* mon vrere [frère]. (Li, 5ᵉ)[13]

Quel sens donner au verbe *changer* ou *chercher* ? Deux interprétations sont possibles (a et b), que nous illustrons avec le verbe *changer* :

(34) J'ai oublie change l'eau de mon poison.

➔ (a) j'ai changé l'eau de mon poisson, mais je ne m'en souviens plus
➔ (b) j'ai oublié de changer l'eau de mon poisson

Nous comprenons alors l'importance en syntaxe d'écrire la préposition, afin d'éviter toute ambigüité sémantique et le rôle primordial de l'école qui a en charge de mener à bien cet apprentissage.

Cas des Quand-C
Dans les dictionnaires consultés, il n'est fait aucune mention de ce type de construction avec *quand*. Si en 2016, deux exemples sont produits, il n'y en a aucun en 2018.

Cas des autres subordonnées
Dans les dictionnaires consultés, les exemples sont nombreux tout en ne présentant qu'un certain nombre de ces morphèmes (*si, comment, quel*)[14]. Si en 2016, une variété était apparue (*comment, quel, qu'est-ce que*), en 2018, seul *où* est présent dans 2 attestations :

(36) J'ai oublié *où est mon clé*. (Sa, 5ᵉ)
(37) j'ai oublié *ou fai mai exerciss à la misont*. (Mo, 5ᵉ)

2. 3. Synthèse sur les usages de *se souvenir* et *oublier* à l'écrit

Il existe, comme nous l'avions déjà montré en 2016, un décalage entre la norme prescrite et les productions écrites des élèves allophones. En effet tous

---

13. C'est le même élève qui a produit une structure semblable avec *se souvenir* : « Je me souviens cherche mon vrer … » (ex. 14).
14. Exemples extraits de différents dictionnaires : oublier *s'il avait refusé ou non, comment on prépare ce gâteau, quelle distance séparait…*

les emplois ne sont pas représentés à l'écrit (pas de réalisation pronominale), certains sont sous-représentés (comme les subordonnées autres que celles *que* ou *quand*) et d'autres émergent (les temporelles en *quand* avec *se souvenir*), en partie suscitées par la consigne.

Il semblerait que des structures syntaxiques de base (Tomasello, 1992 ; Clark, 1998) soient présentes chez les élèves dont le français n'est pas la langue d'origine puisque les textes montrent que *se souvenir* et *oublier* se construisent dans plus de la moitié des cas avec un SN.

Ces deux verbes, en 2016 comme en 2018, sont essentiellement employés pour produire un complément nominal : plus de la moitié des occurrences (cf. tableaux 1 et 2), ce qui accentue encore le décalage entre les usages écrits et les emplois recensés.

Même si dans le cas de *se souvenir*, les subordonnées en *quand* apparaissent dans les textes (30 % en 2016 et 14,5 % des exemples en 2018), elles indiquent un évènement temporellement marqué.

Nous retrouvons en 2018 les hésitations des élèves allophones à produire des syntagmes infinitifs (2,6 % pour *se souvenir* et 31,2 % pour *oublier*) : écrire ou non une préposition, choisir celle qui convient. La variété des prépositions employées (*à, de, pour*) pour le verbe *oublier* en atteste. Les collégiens, quel que soit leur âge, ont eu du mal à s'approprier la construction infinitive, répétée dans le texte inducteur.

La syntaxe d'*oublier* (Que-C et S. Inf.) mérite un apprentissage afin de fixer le sens de ce verbe selon son environnement syntaxique.

3. DES USAGES ORAUX

Avant d'être filmés, les élèves avaient échangé collectivement avec l'enseignante sur les emplois possibles de ces deux verbes, sur les constructions non normées et sur le sens d'*oublier* (cf. *supra*).

Nous présentons d'abord les tableaux des emplois pour chacun des verbes en reprenant les résultats de l'écrit (cf. *supra*) et en y ajoutant ceux de l'oral. Cela va permettre de comparer les usages à l'oral par rapport à l'écrit, expérimentation de 2018.

3. 1. Les emplois des deux verbes à l'écrit et à l'oral

SE SOUVENIR	ÉCRIT		ORAL	
	nombre d'occ. (forme) et %		nombre d'occ. (forme) et %	
SN	32 (+ *de*) ; 1 (+ *à*) ; 17 (- *de*)	**65,7 %**	48 (+ *de*) ; 4 (+ *à*) ; 6 (- *de*)	**63,8 %**
Pronom	0	0 %	0	0 %
S. Inf	1 (+ *de*) ; 1 (v. conj)	2,6 %	0	0 %
Que-C	2 (+ *que*) ; 3 (- *que*)	6,7 %	11 (+ *que*) ; 4 (- *que*)	**16,5 %**

Quand-C	11	**14,5 %**	9 ; 2 (+ de)	12 %
Autres subordonnées	6 (*comme*)	7,9 %	5 (*comme*) ; 1 (*de* + *comme*) ; 1 (*qui*)	7,7 %
aucun complément	2	2,6 %	0	0 %
TOTAL	**76**	**100 %**	**91**	**100 %**

Tableau 3 : Les emplois de *se souvenir* à l'écrit et à l'oral en 2018

OUBLIER	**ÉCRIT**		**ORAL**	
	nombre d'occ. (forme) et %		nombre d'occ. (forme) et %	
SN	54 (- *de*) ; 3 (+ *de*)	**61,3 %**	19 (–*de*) ; 1 (+ *de*)	**69 %**
Pronom	0	0 %	1	3,4 %
S. Inf	11 (+ *de*) ; 9 (- *de*) ; 1 (+ *à*) ; 4 (+ *pour*) ; 1 (*de* + v. conj.) ; 3 (v. conj.)	**31,2 %**	1 (+ *de*)	3,4 %
Que-C	5	5,4 %	1	3,4 %
Quand-C	0	0 %	1	3,4 %
Autres subordonnées	2 (*où*)	2,1 %	1 (*où*) ; 1 (*comme*) ; 2 (*comment*)	**14 %**
aucun complément	0	0 %	1	3,4 %
TOTAL	**93**	**100 %**	**29**	**100 %**

Tableau 4 : Les emplois de *oublier* à l'écrit et à l'oral en 2018

Les occurrences à l'oral sont plus nombreuses pour *se souvenir* (91 contre 76, cf. tableau 3) que pour *oublier* (29 contre 93, cf. tableau 4), 4 élèves sur 16 n'ont produit aucun énoncé avec ce deuxième verbe. Cela peut s'expliquer par le fait que parler devant les autres leur demande un effort considérable, perceptible sur la vidéo. Commençant par l'évocation des souvenirs, ils n'évoquent que brièvement ce qu'ils ont oublié. La seule construction inachevée du corpus est celle de Mo (4e), au débit rapide, qui finit son discours avec un « j'ai oublié » suspensif.

3. 2. L'oral, témoin de l'élaboration des énoncés

Les exemples produits portent des traces de l'élaboration du discours (Blanche-Benveniste, 1997) et sont révélateurs des domaines de la langue qui posent problème.

C'est le cas de cet élève qui « s'essaie » à construire la valence de *se souvenir*, avec une préposition *de* ou *à* ou encore avec *comme* ou *de comme* :

(38) je me souviens **comme** j'étais en Algérie + je me souviens **à** ma maison + je me souviens **à** mon chien + je me souviens **de comme** j'étais à la mer […] mais je me souviens **de** mon meilleur pote […] (Ya, 6e, oral)

Ou de cet autre, qui produit *de quand* et *quand* :

(39) […] je me souviens **de quand** on était à l'école en Algérie + […] + je me souviens **quand** on est parti à la plage (Mo, 4e, oral)

Ou encore de cet autre, qui hésite sur la construction du SN :

> (40) [...] et je me souviens **de la première jour** de d'école de l'Égypte [...] et je me souviens **la première jour** dans l'école (Ra, 3ᵉ, oral)

C'est parce que l'élève s'essaiera à la langue (en faisant différentes tentatives) qu'il approchera la norme (Roubaud, 2013).

Est-ce le cas de ces deux élèves ? À l'oral, avec *se souvenir*, tous les compléments nominaux sont produits avec *de*, alors qu'à l'écrit, ils oscillaient entre les deux possibilités (avec et sans *de*) :

> (41) je me souviens **de** mon école en Angola il y avait pas de cantine + je me souviens **des** jours où on faisait l'évaluation l'une de mes camarades trichait + je me souviens **de** mon prof principal il était très gentil (Be, 6ᵉ, oral)
> (42) je me souviens **de** mon pupitre + je me souviens **de** mes camarades de classe + je me souviens **de** mes professeurs (Sa, 5ᵉ, oral)

3. 3. L'oral, expression d'une communication réelle

En situation d'oral, nous avons affaire à une authentique situation de communication. Il s'agit d'exposer devant la classe des souvenirs relatifs à l'école du pays d'origine. L'élève peut se concentrer sur ce qu'il a à dire sans la surcharge de l'orthographe, avec cependant toutes les contraintes d'un oral monogéré. C'est ainsi que le même verbe peut être produit selon deux modalités opposées, ce qui crée un effet de contraste :

> (43) **je me souviens** de comme j'étais à la mer + **je me souviens pas** à ma maîtresse de l'Algérie (Ya, 6ᵉ, oral)

Dans cette situation réelle de communication apparaissent de longs développements derrière la construction verbale en *se souvenir* ou *oublier*. Les élèves ne se limitent plus à des routines discursives, mais produisent des séquences argumentatives ou narratives, intégrant même du discours direct (cf. dernier exemple) :

> (44) je me souviens comme madame M. elle m'a aidé trop sur le français **et moi je crois pas qu'elle m'a aidé + mais après j'ai vu qu'elle m'a aidé trop trop et je remercie madame M.** (Ya, 6ᵉ, oral)
> (45) et je me souviens de la première jour de d'école de l'Égypte + **j'étais très + j'étais très peur + et il y a de mes amis + il a dit « t'inquiète pas » et comme ça** (Ra, 3ᵉ, oral)

C'est dans cette situation que les élèves s'appuient sur la relation d'antonymie pour construire un mouvement argumentatif :

> (46) **je me souviens** quand j'étais à l'école en Chine mon maître était très gentil il m'a souvent appris à faire mes devoirs il a joué au football avec nous et il a joué au tennis de table aussi + je l'aime beaucoup + mais **j'ai oublié** de prendre des photos avec lui quand j'ai quitté la Chine (We, 6ᵉ, oral)

Ce qui est remarquable avec ce dernier exemple, c'est que cet élève de langue chinoise avait eu besoin de Google traduction pour écrire. Or à l'oral, il s'exprime sans aucune aide.

C'est aussi dans cette situation de communication orale que les élèves font contraster les deux verbes en ajoutant des négations (*pas, jamais*) ou des modalités (*juste*) alors que les productions écrites ne comptent aucun exemple de ce type :

(47) et **je me souviens** quand on a cour + on a la cour + on fait des + en faisant le jardinage et on fait du jardinage + et **je n'oublie pas** le coin le coin le côté des lectures et des livres (Li, 5ᵉ, oral)

(48) dans mon école **j'ai oublié** les les professeurs + et **je me souviens juste** madame X. le prof de français (L, 5ᵉ, oral)

3. 4. L'oral, révélateur de nouvelles compétences

De nouvelles constructions apparaissent à l'oral, alors qu'elles étaient absentes des productions écrites : le corpus s'enrichit et certains pourcentages changent. Pour *se souvenir*, on relève une interrogative indirecte en *qui* et pour *oublier*, un emploi pronominal avec *tout* ainsi que des temporelles en *quand* :

(49) je me souviens **qui** était ma meilleure amie + G. (Sa, 5ᵉ, oral)

(50) j'ai oublié **tout** dans mon pays (Av, 6ᵉ, oral)

(51) j'ai oublié **quand** j'ai tombé malade en France + et j'ai oublié **quand** j'ai raté la première semaine de l'école (A, 3ᵉ, oral)

Cette richesse se retrouve au niveau des élèves qui produisent de nouvelles constructions, non recensées dans leurs écrits. C'est le cas des Que-C ou des Quand-C. En conséquence à l'oral, les Que-C avec *se souvenir* tiennent le deuxième rang de fréquence (16,5 %, cf. tableau 3), dépassant les temporelles (Quand-C) qui étaient au deuxième rang dans les textes écrits.

Il en est de même des interrogatives avec *oublier* qui se diversifient en *où*, *comme* et *comment*, faisant passer ces subordonnées, à l'oral, à la deuxième place (14 %, cf. tableau 4) :

(52) j'ai oublié **comment** j'ai tombé sur ma bouche + j'ai oublié **comment** entrer à la maison quand j'ai perdu (A, 3°, oral)

3. 5. Synthèse : l'oral, indicateur des usages

Que nous apprennent ces vidéos d'élèves allophones ?

Comme à l'écrit, ce sont les emplois avec un complément nominal qui dominent à l'oral (63,8 % pour *se souvenir*, 69 % pour *oublier*, tableaux 3 et 4), avec chez certains élèves une syntaxe correcte, sans aucune hésitation perceptible. Il existe donc bien un schéma syntaxique de base qui induit à construire du nominal.

Les temporelles apparaissent avec les deux verbes, elles indiquent toujours un évènement marquant, mais elles sont en diminution pour *se souvenir* (12 % à l'oral *vs* 14,5 % à l'écrit, tableau 3).

À l'oral, même si les compléments nominaux dominent toujours, les compléments verbaux ont aussi leur place sauf dans le cas des infinitifs. En effet, les syntagmes infinitifs disparaissent : plus aucun avec *se souvenir* et une seule occurrence avec *oublier* (cf. tableaux 3 et 4), alors qu'avec *oublier*, nous avions comptabilisé 31,2% d'exemples à l'écrit. Quelles peuvent en être les raisons ? Nous avions vu la difficulté des élèves à construire un syntagme infinitif à l'écrit et le fait que *oublier de* + *infinitif* prend un sens différent (cf. *supra*). Il semble que l'appropriation de la structure avec infinitif soit difficile, sans un long apprentissage. Comme pour l'acquisition des relatives en *dont* pour les natifs qui relève de la grammaire seconde (Blanche-Benveniste, 1990 ; Elalouf A., 2012 ; Roubaud, 2015), il en serait de même des infinitives (du moins pour ces deux verbes) chez les élèves allophones.

Si la norme écrite stigmatise les usages des élèves allophones, la production orale, à notre avis, les éclaire et nous invite à mettre en place une ingénierie didactique pour aider les élèves à employer une plus grande variété de constructions, ce qui accroitra leurs compétences linguistiques.

CONCLUSION

L'analyse des productions écrites et orales des élèves allophones permet de prendre la mesure de l'intense activité épilinguistique qu'exige la saisie d'un schéma valenciel et argumental dans des énoncés entendus ou lus et la sélection d'autres lexèmes susceptibles d'instancier ce schéma.

Elle montre une forte tendance à privilégier une construction nominale et des cheminements pour construire du verbal : l'emploi de Quand-C appelé par le sémantisme des verbes, les constructions rattachées en macrosyntaxe, les routines discursives de type Action + Continuation. Rejeter ces constructions qui s'écartent de la norme empêcherait l'accès à la compréhension de dynamiques d'apprentissage.

En faisant alterner activité langagière et réflexion métalinguistique, le dispositif didactique a permis aux élèves d'objectiver et comparer leurs choix avant que soit posé un jugement normatif, et par conséquent de diminuer la tension toujours présente lorsqu'on tente de s'approprier la langue. L'exercice de prise de parole autonome devant la classe a révélé des compétences en construction, parfois insoupçonnées.

La prise en compte des usages à la fois oraux et écrits dans des genres discursifs variés permet de concevoir un enseignement de la langue ouvert sur la diversité des expériences culturelles et linguistiques en identifiant des structures de base et des paliers de progressivité. L'expérience menée sur l'appropriation des structures des verbes *se souvenir* et *oublier* en est un bon témoignage.

Marie-Noëlle ROUBAUD
Aix-Marseille Université, CNRS, LPL

Marie-Laure ELALOUF
Cergy Paris Université, ÉMA

BIBLIOGRAPHIE

BLANCHE-BENVENISTE, C., DEULOFEU, J., STEFANINI, J, VAN DEN EYNDE, K. 1984. *Pronom et syntaxe. L'approche pronominale et son application au français*, Paris : SELAF.

BLANCHE-BENVENISTE, C. 1990. « Grammaire première et grammaire seconde : l'exemple de 'en' », *Recherches sur le français parlé*, 10, p. 51-73.

BLANCHE-BENVENISTE, C. 1997. *Approches de la langue parlée*, Paris : Ophrys.

BULMA, F. 2003. *Le prépositionnaire. Dictionnaire des verbes et adjectifs pouvant être suivis d'une préposition* (nouvelle édition, Canada, Viamedias éditions).

CLARK, E. V. 1998, « Lexique et syntaxe dans l'acquisition du français », *Langue française*, 118, p. 49-60.

ELALOUF, A. 2012. « La notion de 'grammaire seconde'. Tentative de reconstruction épistémologique », *Actes du CMLF 2012, 3ᵉ Congrès mondial de Linguistique Française*, p. 737-755 [en ligne].

ELALOUF, M.-L., ROUBAUD, M.-N. 2016. « Un couple de verbes antinomiques à l'épreuve de la syntaxe et de l'usage. Le cas des verbes : se souvenir et oublier », Scolagram, 2 [en ligne : http://scolagram.u-cergy.fr].

ÉQUIPE DELIC. 2004. « Présentation du Corpus de référence du français parlé », *Recherches Sur le Français Parlé*, 18, p. 11-42.

EYNDE Van den, K., MERTENS, P. 2003. « La valence : l'approche pronominale et son application au lexique verbal », *Journal of French Language Studies*, 13 (1), p. 63-104.

FLOREA, L. S., FUCHS, C. 2010. *Dictionnaire des verbes du français actuel. Constructions, emplois, synonymes*, Paris : Ophrys.

GARCIA-DEBANC, C., DUVIGNAU, K., DUTRAIT, C., GANGNEUX, M. 2009. « Enseignement du lexique et production écrite. Un travail sur les verbes de déplacement à la fin de l'école primaire », *Pratiques*, 141-142, p. 208-232.

GROUPE DE FRIBOURG. 2012. *Grammaire de la période*, Bern : Peter Lang.

MELEUC, S. 2000. « Pour un traitement lexical du verbe », *Le français aujourd'hui*, 131, p. 64-75.

ROUBAUD, M.-N. 2013. *Langue et enseignement. Une sélection de 22 manuscrits de Claire Blanche-Benveniste (de 1976 à 2008*, Suisse, Université de Neuchâtel, Tranel, n° 58.

ROUBAUD, M.-N. 2015. « Accéder aux compétences syntaxiques des élèves (8-11 ans) : le cas des relatives », dans Pascale Trévisiol-Okamura et Malika Kaheraoui (éd.), *Les subordonnées : Corpus, acquisition et didactique*, Rennes : Presses universitaires de Rennes, p. 123-138.

SABIO, F. 2011. *Syntaxe et organisation des énoncés : Observations sur la grammaire du français parlé*, Habilitation à diriger des recherches, Université d'Aix-Marseille.

TESNIÈRE, L. 1959. *Éléments de linguistique structurale*, Paris : Klincksieck.

TOMASELLO, M. 1992. *First Verbs: A Case Study of Early Grammatical Development*, Cambridge : Cambridge University Press.

LE SYNOPSIS COMME ANNOTATION
D'UN CORPUS FILMIQUE.
DE L'OBJET ENSEIGNÉ À L'OBJET DE RECHERCHE

Résumé : Si tout corpus oral peut s'analyser selon plusieurs niveaux de segmentation relativement indépendants (macrosyntaxe, microsyntaxe, prosodie par exemple), le corpus filmique présente la particularité de pouvoir être traité d'un point de vue multimodal (Gunther Kress, 2003 ; Lebrun, Lacelle et Boutin, 2012). Se pose alors la question de l'annotation d'un corpus filmique de séance d'enseignement, à fin de didactisation. La fluidité engendrée par le film permet une combinaison des modes sémiotiques qui « donnent à voir » (Wittgenstein, 1921, Chauviré et Sackur, 2013) et qui questionnent le didacticien. Comment décrire le visible ? De ce point de vue, quel outil méthodologique peut permettre de découper en des unités cohérentes et saisissables pour l'analyse la complexité des gestes, des formes symboliques observées ? Nous étudions le synopsis comme outil de formation susceptible de rendre compte de focales (objets de recherche) au prisme desquelles se révèle l'objet enseigné/appris.

Du point de vue de l'étude de l'oral moyen d'apprentissage et des apprentissages qu'il génère dans toute séquence didactique, le corpus filmique permet de saisir le parler, volatil et éphémère, dans tous ses aspects : verbaux, paraverbaux et posturo-mimo-gestuels. La multimodalité des échanges permet une contextualisation hic et nunc : gestes, utilisation de l'espace, interactions, actions non langagières… Le couplage « image – voix – mouvements » facilite la transcription et le séquençage d'unités observables et analysables, rendus possibles par le retour temporel sur le film. Ainsi, des équipes se sont constituées en réseaux de recherche en didactique selon cette modalité, à propos de questions de formation professionnelle, à l'instar du projet VISA (Vidéos de Situation d'Enseignement et d'Apprentissage) en France[1] afin de promouvoir des méthodes d'observation *in situ*, qui permettent d'outiller la pratique afin d'analyser le réel.

Dans le cadre du master « Formation de Formateurs » de L'INSPÉ – CY Paris Cergy Université » 2e année, un module de formation est consacré aux gestes professionnels. L'un de ses enjeux est d'amener les étudiants, qui

---

1. Institut Français de l'Éducation - École Normale Supérieure Lettres et Sciences Humaines.

n'ont pas de formation en linguistique, à investir une posture de recherche afin d'éprouver des outils susceptibles d'organiser le réel pour qu'il puisse être interprété au plan de gestes professionnels à la lumière desquels l'objet d'enseignement prendra forme.

Nous discutons les outils possibles pour le traitement de corpus filmiques et leurs limites, et nous centrons sur le synopsis comme descripteur de pratiques. À partir de la modélisation proposée par l'équipe du GRAFE[2] (Schneuwly *et al.*, 2006), nous étudions les choix opérés par les enseignants pour mettre en perspective les différentes granularités de la séance : empans micro = le discours, méso = le(s) contexte(s), macro = réduction narrativisée. Nous analysons les difficultés d'annotation auxquelles les étudiants sont confrontés et leurs propositions de synopsis pour préparer l'analyse d'une séance filmée de lecture à l'école maternelle.

Nous concluons sur l'intérêt d'une annotation manuelle qui ne réduit pas le synopsis au résumé narrativisé des principales étapes de la séquence d'enseignement, et proposons un outil synoptique relevant d'une démarche inductive susceptible de rendre compte de focales (objets de recherche) au prisme desquelles se révèle ou peut se révéler l'objet enseigné/appris.

L'analyse porte sur un corpus de synopsis élaborés par des étudiants inscrits en master 2e année MEEF Pratiques et ingénierie de la formation — Formation de formateurs d'enseignants 1er et 2e degrés de CY Cergy Paris Université - INSPÉ, toutes disciplines et niveaux d'enseignement confondus.

1. LA SÉQUENCE/SÉANCE D'ENSEIGNEMENT COMME OBJET D'ÉTUDE

Dans le cadre de l'UE3 « Des pratiques professionnelles aux pratiques d'enseignement et d'apprentissage », il est demandé aux étudiants, tous enseignants/formateurs, d'étudier une courte séquence de la lecture d'un album : *Petit Ours brun*[3], par une enseignante de Petite section à son groupe d'élèves de Toute Petite Section (3 ans), en ciblant des gestes professionnels qui permettent la construction de l'objet d'enseignement/de savoir.

Ce document est intéressant à plus d'un titre : en 5:30 minutes, l'entièreté d'une séance d'enseignement se déroule, avec une entrée en manière, la lecture du livre proprement dite et l'exploitation du texte par la maitresse pour construire la compréhension. Le film permet d'étudier l'ensemble du système didactique *ici et maintenant*. Il met en évidence l'importance de la médiation langagière pour interroger la nature de l'objet de savoir et son enseignement. Il montre que les dimensions épistémiques de l'action du maitre sont imbriquées les unes dans les autres, et permet d'étudier les gestes professionnels et les postures qu'ils engendrent (Bucheton, 2009).

---

2. Groupe de Recherche sur l'Analyse du Français Enseigné, FAPSE, Genève.
3. Petit Ours Brun s'est fait mal, Danièle Paour.

Dans un premier temps, les étudiants regardent la séance vidéo, *une action située* en un lieu, un moment, avec des acteurs, un contexte, qui correspond à des séries d'évènements liées au caractère fondamentalement opportuniste et improvisé de l'action (Suchman, 1987).

Des groupes intercatégoriels sont alors créés pour confronter les points de vue et analyser préalablement la séance dans le cours de l'action, discuter les apprentissages prévus et réels des élèves, les étapes chronologiques effectives et les gestes professionnels repérables qui acquièrent à priori signification.

L'article du GRAFE (*op. cit.*) fait ensuite l'objet d'une lecture analytique, ce qui permet de problématiser la question de formation : comment mettre en évidence une organisation, une hiérarchisation des gestes professionnels, des découpages, afin que l'action ne se comprenne pas uniquement en parcourant son développement, mais en mettant également en évidence ses relations internes, ses emboitements, ses niveaux d'analyse ? Se pose alors la question des outils de traitement des données.

On attend des étudiants un travail collaboratif puis une décentration de chacun qui devra, à partir de son expérience professionnelle, transformer des données brutes en corpus exploitable pour l'analyse.

2. UNE LINGUISTIQUE OUTILLÉE ?

La question relative à l'opérationnalité d'outils numériques pour mettre en forme les données brutes se pose rapidement.

Les étudiants proposent d'utiliser un logiciel de transcription automatique de la parole (du type Express Scribe), ce qui s'avère vite inopérant, car l'outil ne permet ni la transcription en tant que telle, ni de faire lien avec les données vidéos.

Ce questionnement, lié aux mutations technologiques actuelles, est important : en effet, il existe de nombreux logiciels d'annotation destinés à constituer des ressources linguistiques et à faciliter l'organisation des différentes dimensions de tout corpus oral à fin d'interprétation[4]. Ils exigent une haute expertise technique.

Les étudiants, qui n'ont généralement pas de formation en science du langage, observent que l'utilisation d'un logiciel d'annotation, quel qu'il soit et outre ses caractéristiques propres, est difficile et nécessite un apprentissage long et complexe. Elle est de plus liée aux choix méthodologiques du chercheur qui cherche à utiliser un outil présentant le moins de contraintes possible pour la fonction pour laquelle il est utilisé. Ils constatent que l'annotation informatisée peut être un point d'appui à l'analyse d'un certain nombre de phénomènes et qu'elle permet d'étudier, selon *un certain angle*, la nature de ces phénomènes

---

4.   ICAR – CNRS, tableau des logiciels d'annotation ,http://icar.cnrs.fr/projets/corvis/PDF/comparaison_logiciel.pdf

sous-jacents aux données. Contrairement à leur intuition initiale, ils remarquent qu'elle est chronophage. Ils signalent aussi, concernant l'activité professionnelle et plus précisément l'enseignement dans sa forme scolaire, qu'elle est susceptible de limiter le chercheur : l'annotation informatisée ne permet pas d'avoir une vue globale et linéaire de la séance étudiée, ni de mettre en perspective, de croiser des temporalités différentes, mais utiles pour l'analyse, depuis les unités temporelles larges, englobantes jusqu'aux unités discursives qui structurent la séquence didactique, comme l'outil que propose le GRAFE. Les étudiants posent la question de la hiérarchisation des données et de sa pertinence.

Peut-on alors envisager d'encoder manuellement des données brutes afin d'ouvrir des perspectives d'interprétation et d'analyse ? Comment organiser les éléments constitutifs de l'objet de recherche afin de mieux le définir, ce qui déterminera la perspective de l'analyse et donc son développement ?

3. COMPRENDRE ET CONSTRUIRE UN OUTIL DE TRAITEMENT MANUEL DES DONNÉES : LE SYNOPSIS

« La grande quantité de données colligées dans l'observation de toute activité professionnelle requiert l'utilisation d'un outil méthodologique qui permet de découper la complexité des gestes observés dans des unités cohérentes et saisissables pour l'analyse » (Scheuwly *et al.*, p. 178). Le synopsis facilite le travail de réduction par le découpage des leçons en séquences narrativisées et hiérarchisées en fonction des activités et des objets d'apprentissage en jeu.

Les auteurs proposent un tableau de données dont le texte est saisi sous forme tabulaire, les niveaux étant codés par des chiffres : n - nn - nnn. Le 3e niveau est celui de l'activité scolaire. L'unité n englobe l'unité nn et ainsi de suite. Une colonne « Repères » met en lien l'unité décrite par le synopsis avec la transcription. Le choix de décrire « synoptiquement » la structure *séquentielle* et *hiérarchique* de la séquence tient compte des diverses étapes *d'élémentarisation* de l'objet d'enseignement : elle permet de décomposer l'objet enseigné. « Cette structure fournit un cadre facilitant l'analyse des interactions didactiques dans l'échelle du temps, des lieux et des transformations successives des objets enseignés » (*op. cit.*, p. 183). Le tableau synoptique conduit à tirer parti de ses informations pour mettre en perspective les données et appréhender la nature des phénomènes sous-jacents à celles-ci.

L'exercice proposé aux étudiants est alors de « concevoir un synopsis qui mette en évidence les gestes professionnels de l'enseignant ». Il vise une mise en forme qualitative des données selon une méthodologie inductive : partant de la pratique filmée d'un tiers, il faut mettre en forme les données filmiques pour les rendre interprétables.

Il s'agit donc non de concevoir un synopsis adapté au modèle de l'équipe suisse[5] mais de s'appuyer individuellement sur ses principes de fonctionnement

---

5.   De nombreuses équipes ont adapté le modèle genevois à leur objet de recherche, voir notamment Blaser (2009), Falardeau et Simard (2011), Lord (2011).

pour modifier l'outil afin de rendre interprétables des données filmiques pour expliciter des gestes professionnels. Le travail proposé, largement inductif, pose ainsi 3 types de difficultés : l'adéquation au modèle, le grain de description et la transcription.

3. 1. la modélisation

La lecture pose la question de la modélisation : est-elle opératoire ?

Le modèle genevois se base sur la transcription totale de séquences d'enseignement. Elle est la base du travail de réduction des données qui seront catégorisées de manière hiérarchique, comme mentionné précédemment. Se pose alors la question des objets étudiés, les gestes professionnels. Considérant que les gestes professionnels d'un enseignant sont toujours des gestes langagiers, qu'ils soient verbaux (Vygotsky, 1934) ou non verbaux (Cosnier, 1996), qu'ils soient kinésiques (Jorro, 2004) ou symboliques (Bucheton, 2009), on peut s'interroger quant à la manière dont le seul recueil de données verbales est susceptible d'éclairer les réductions narrativisées (n – nn - nnn du modèle).

En recherche qualitative, la question de la description est centrale. Selon Schneuwly *et al.* (2006), il s'agit de prendre « un point de vue multiple » (p 175), susceptible de recouvrir différents aspects de cette multiplicité. Ce point de vue est la conséquence de l'analyse à priori des dimensions de l'objet enseigné : « Les *déplacements de point de vue* permettent au chercheur de jouer avec différents niveaux de vérification et d'inférence. Le point de vue *multidimensionnel* contribue à résoudre, de manière inductive, mais grâce aux cartes conceptuelles élaborées a priori, le problème du "découpage" de l'objet lors de l'enseignement. » (p. 184). Or selon Wittgenstein (1921) cité par Chauviré et Sackur (2013), la description objectivée d'un phénomène est impossible. Les descriptions ne peuvent être que multiples, autant de « voir comme » (voir un phénomène comme), c'est-à-dire voir d'un point de vue particulier, selon ses propres accentuations. Sensevy (2012) précise que toute recherche qualitative nécessite « une pluralité de régimes de description », c'est-à-dire que le point de vue adopté est singulier, mais que le régime de description est multiple.

C'est la première difficulté rencontrée. Doit-on se restreindre aux catégories du modèle ? Le point de vue que la notion de « gestes professionnels » recouvre est justement… singulier. Pour certains étudiants la focale va porter sur la relation pédagogique, c'est-à-dire la manière dont l'enseignante gère le groupe pour pouvoir lire l'histoire. Pour d'autres, sur le rôle de la prosodie dans la dimension lectorale afin d'assoir la compréhension, ou encore la manière dont se construit par micro-moments l'institutionnalisation du savoir au cours de la séquence, ou le lien entre le questionnement enseignant, ou les temps de la prise de parole ou…

C'est à partir de cette focale première que l'objet de savoir sera (re)présenté, selon une démarche inductive faite d'ajustements successifs qui permettra d'aboutir au synopsis. Ainsi, certains synopsis élaborés par les étudiants mentionnent en entête une orientation sur l'objet d'étude : « alternance lecture - commentaire » ou « rôle de l'intonation » ou encore « gestes de tissage ».

3. 2. La granularité

« Comment fait-on pour garder la main sur son matériau et ne pas se perdre dans la masse et/ou dans la complexité des données à étudier et à mettre en forme ? Doit-on tout transcrire puis passer au résumé narrativisé des différents temps de la séance ? Et quel lien entre ces écrits ? »[6]

Selon le point du vue adopté, différents grains de description de la séance didactique sont possibles : depuis la macrostructure de la séance (gros grain) jusqu'à la transcription (grain fin) en passant par des éléments dont la dynamique est structurante, mais qui relèvent moins d'un niveau local, par exemple le contexte situationnel (grain méso). Dans une perspective de compréhension et de caractérisation, la structuration de la description s'avère très difficile.

Une description qui prend pour point de départ les interactions, qu'elles relèvent de la transcription totale ou qu'elles soient limitées à quelques tours de parole, risque de ne pas permettre au lecteur de saisir la forme générale que l'enseignant donne à la séance. À l'inverse, la seule réduction narrativisée ne permet pas de percevoir des moments décisifs, de bascule, de l'activité d'enseignement.

Dans l'article princeps, le principe de constitution est simple : le synopsis est élaboré en vue de décrire globalement 30 séquences vidéos enregistrées. Ces séances ont toutes fait l'objet d'une transcription. Les grands temps de la séquence sont constitués de phases préalablement identifiées, avec un échantillonnage temporel permettant un retour soit aux données initiales, soit à la transcription qui en a été faite. C'est l'objet du synopsis. Ce n'est que dans un second temps qu'« une analyse sur des unités décontextualisées de la séquence » sera opérée (p. 177).

Or le synopsis demandé à nos étudiants ne porte que sur une seule séance. Ceux-ci s'interrogent sur les descriptions de pratique, dans un but de compréhension et de caractérisation.

Certaines propositions d'élaboration de synopsis consistent à produire d'abord une vision synoptique « large » des séances étudiées, à l'inverse de la modélisation initiale. Par un effet de zooms successifs, une centration sera faite sur des éléments signifiants du point de vue de l'étude des gestes professionnels, et notamment des gestes verbaux par lesquels se construit toute action didactique. Il s'agira donc d'effectuer des descriptions de grains différents, passant d'un gros grain (macro) à un grain fin (micro), dans l'idée que la mise en relation des deux permettra de mieux comprendre l'action didactique tout en la contextualisant.

Comment penser une articulation entre les différents grains ? Le tableau synoptique, qui réduit l'information tout en gardant l'empan de la séance, peut-il être construit de façon à permettre de lire des éléments significatifs du système didactique d'échelles différentes ? Auquel cas, l'hétérogénéité des unités choi-

---

6. Remarque d'une étudiante dans le « forum » collectif des étudiants.

sies peut poser un problème de lecture, car la nature des observables et le sens qu'on peut leur attribuer varie en fonction de l'échelle à laquelle on se place.

3. 3. La transcription

Les étudiants constatent que la transcription, représentation écrite systématique du langage verbal est un passage obligé pour comprendre l'action didactique, qu'elle soit totale ou partielle : elle permet d'élaborer la construction sémiotique. Dans le cadre du corpus filmique parlé, les interactions verbales sont le fil rouge du déroulement qu'elles organisent et dans lequel chacun a une place et assume un rôle.

> « Qu'est-ce après tout qu'un système d'enseignement, sinon une ritualisation de la parole ; sinon une qualification et une fixation des rôles pour les sujets parlants ; sinon la constitution d'un groupe doctrinal au moins diffus ; sinon une distribution et une appropriation du discours avec ses pouvoirs et ses savoirs ? » (Foucault, 1971 : 47)

Une réflexion sur les systèmes de transcription s'impose : la transcription doit-elle inclure le contexte ? Doit-elle mentionner les gestes, les déplacements, les regards ? Comment nommer les participants ? Faut-il mentionner leur nombre de tours de parole ? Quelle est la fidélité du transcrit, surtout lorsqu'il s'agit de propos de jeunes enfants difficiles à comprendre ?

Préoccupation de linguiste ou questionnement basique ? Cela reflète en tout cas la difficulté des choix à opérer afin de découper et d'identifier des unités pertinentes du parler, et plus particulièrement du parler en classe : « La transcription n'est pas simplement une activité sélective, mais plus radicalement une entreprise interprétative [...]. Loin d'être un miroir plus ou moins fidèle de la langue parlée, la transcription et son système de notations [...] incorporent les présupposés théoriques du transcripteur dans les modes de représentation écrite de l'oral » (Mondada, 2000, p. 132).

L'étape suivante de la formation est de demander de transcrire trois minutes de séance filmique, dans un premier temps selon les critères de chacun, partant du postulat selon lequel tout étudiant, qu'il ait ou non une formation préalable en linguistique, peut travailler sur une pragmatique didactique.

Après quelques tâtonnements, deux grilles de transcription conventionnelles sont présentées[7], permettant de produire des formes de transcriptions simples à communiquer, mais porteuses d'informations tout en évitant de s'enfermer dans des systèmes difficilement déchiffrables et non lisibles pour le lecteur.

Ainsi, la démarche d'annotation, qui se déploie de façon contingente au contexte, et qui s'ajuste aux circonstances particulières du moment où elle est mise en œuvre, consiste à mettre en évidence des faits didactiques au sein des interactions verbales, de sorte de montrer la manière dont les productions langagières résultent de conduites gérées interactivement et de manière chronologiquement distribuée. En exemple, voici le début de la transcription

---

7.   Grilles de convention de transcription Paris 3 et GARS, Université d'Aix en Provence.

d'un étudiant, significatif des choix opérés (d'après la grille de convention de Paris 3), notamment le surlignage du texte lu par opposition aux gloses explicatives et aux commentaires hors texte.

TP 1	0'00	Ens	petit ours brun se fait mal (Ens *montre la première de couverture du livre, retourne le livre et commence la lecture*)
TP 2		É1	comment il se fait mal
TP 3		É2	comment § il se fait mal§
TP 4	0'15	Ens	§ BOUM §,, (*Ens met un doigt sur sa bouche, mime un « chuuut »*) boum petit ours brun est tombé dans l'allée du jardin, OUIN ::: OUIN ::: OUIN ::: petit ours brun pleure très fort (*tourne le livre ouvert sur sa double page vers les enfants*) il veut qu'on l'aide à se relever/3s/
TP 5	0'30"	É 1	BOUM BOUM BADABOUM : [latsatamomo] (*suite de syllabes incompréhensibles*)

4. VERS UNE RECONFIGURATION DU CADRE INITIAL

Dès lors, la construction du synopsis procède de choix individuels. Le découpage de la séquence, l'élaboration des catégories et les éléments saillants en terme de gestes professionnels *donnent à voir* une description de l'activité selon un certain angle. Le modèle initial est ainsi reconfiguré par chaque étudiant, avec trois critères effectifs dans tous les travaux: la transcription, la réduction des données, la sélection d'information pour construire des catégories qui permettront d'analyser les pratiques. Nous présentons trois extraits de synopsis pour exemplifier nos propos, choisis parmi l'ensemble des travaux remis[8].

4. 1. Une perspective latitudinale pour construire la visibilité

Tous les synopsis, bien que s'appuyant sur la chronologie des faits pour transformer des données brutes en données interprétables, proposent une perspective latitudinale, liée à une lecture par colonnes, de gauche à droite. Une telle perspective, opérationnalisée dans les travaux de Martuccelli (2010), se rapproche d'« une méthode d'analyse "extrospective" centrée sur la manière singulière dont les individus s'approprient des éléments structurels constitutifs du social » (pour nous de la classe). L'auteur y observe les variables « à partir du point de vue d'un observateur plutôt que celui du sujet lui-même, rendant l'analyse de la situation parfois incomplète » (p. 155).

Ainsi, un premier type de synopsis (Annexe 1) propose d'abord un cadrage initial en précisant certaines focales, comme on le constate dans l'extrait qui suit où sont codés 3 niveaux à des fins d'analyse ultérieure. C'est à la lumière de ce cadre explicatif que le synopsis sera développé.

---

8. Ces annexes sont disponibles à l'adresse suivante : https://drive.switch.ch/index.php/s/umzbHFfdKjZoYR3

Niveau	Acte didactique pédagogique	Description
1	Découverte de l'écrit	ACTES PÉDAGOGIQUES de l'enseignante en vue de la construction d'un rapport positif au livre
1.1	- 1er axe	- en tant que vecteur de la construction du langage cohérent, permettant de décrire – mettre en mots – l'histoire racontée en la liant vécu d'un enfant).
1.2	- 2ème axe	- en tant qu'objet (lecture d'un livre), permettant l'élaboration des processus cognitif du travail de classement, de catégorisation, et d'activité symbolique, caractéristiques du développement des enfants de 2 ans - en tant qu'objet de réinvestissement et de remobilisation d'une parole comprise et en cours d'acquisition.
1.3	- 3ème axe	CONDITIONS matérielles, prosodie et communication non verbale. Dimensions transversales susceptibles de favoriser l'écoute, la compréhension et l'appropriation
2 : 2.1-2.2-2.3	Facilitateurs de communication	GESTES de tissage et d'atmosphère (Bucheton et Soulé, 2009) de l'enseignante afin de donner une dimension externe à l'objet d'école étudié (lecture d'un livre illustré).
3 : 3.1- 3.2 - 3.3	Facilitateurs de la compréhension	

Le synopsis (cf. schéma suivant en 4.2) qui suit ce tableau montre qu'une vision latitudinale permet de croiser différents axes ne relevant pas de la même échelle : si l'échelle temporelle est notée (colonne temps), elle ne préjuge en rien d'une lecture verticale. En revanche, chaque focale, correspondant aux 3 surlignages, est précisée. Pour les colonnes du milieu, la « description » correspond à une réduction narrativisée tandis que celle indiquant « commentaires » inclut diverses gloses allant du commentaire des énoncés (non cités dans la colonne) à la caractérisation de gestes physiques liés au milieu, qu'il soit matériel ou sémiotique. Le lecteur peut donc faire des correspondances entre ces niveaux et les focales de départ, ce qui permet une bonne visibilité des phénomènes et ce qui est susceptible de faciliter l'analyse ultérieure. Ainsi, le découpage (1. 1-1, 1-2…) ne correspond pas à l'élémentarisation de l'objet enseigné, mais cible des actes larges de l'action didactique se réalisant en différentes scènes, à l'image de la caractérisation théâtrale, chacune ayant ses caractéristiques propres (axes, dimensions internes ou externes) qui se traduisent par différents indicateurs. La dernière colonne correspond à des extraits de transcription qui exemplifient au niveau micro (énoncés) les caractérisations précédentes.

4. 2. La polychromie pour plus de lisibilité

Un second groupe de synopsis (Annexe 1 et Annexe 2) utilise les couleurs afin d'induire des mouvements de l'œil pour balayer l'espace page. La couleur, ici grisée, oriente la lecture, car elle permet des regroupements visuels rapides dans l'espace. Elle favorise ainsi la prise d'indices, la comparaison mentale entre des informations issues de passages distincts, sans privilégier la continuité et la cohérence typique d'une lecture verticale et chronologique.

190

Ainsi, dans le synopsis 1, la trame de fond des cases relevant selon l'étudiant de « actes pédagogiques de l'enseignante en vue de la construction d'un rapport positif au livre » est passée en jaune, et celle vues comme relevant des « conditions matérielles, communication non verbale et prosodie » est passée en vert clair, tandis que la trame des cases présentées comme relevant des gestes d'atmosphère et de tissage est passée en vert.

Niveau	Temps	Reprise	Conditions matérielles	Expression non verbale	Prosodie	Etayage	Tissage	Atmosphère	Description narrativisée	commentaires	transcription ou extraits significatifs
2	2.1	0'0"	1	X					Les enfants sont assis et silencieux, certains ont les mains sur les genoux, ils sont assis 3 per 3 sur deux bancs disposés à 90°, l'enseignante est assise en face des élèves sur la diagonale entre les deux bancs	L'enseignante établit une préambie permettant de bien percevoir les intonations et les variations d'intensité de la voix ainsi que son agressions. Elle a sans doute établi des conventions d'écoute : ne pas s'agiter, garder les mains sur les genoux… (certains enfants ne sont pas entrés dans cet état "idéal")	
2	2.3	0'4" 0'7"	1		X				L'enseignante se prépare à "l'entrée en" lecture en chaussant ses lunettes, regardant deux fois la couverture pour lire le titre avant d'ouvrir à la première page	Ces gestes, peut-être en partie non réfléchis, indiquent cependant un protocole à suivre : pour lire un livre, on s'assure d'abord que c'est bien celui que l'on souhaite lire en vérifiant sa couverture	
1 3	3.3	0'7" à 0'9"	1		X			X	Début de la lecture	Solicitation par le regard de l'attention des élèves E1 et E2 → demande implicite d'entrée dans l'écoute et rappel à l'immobilité du corps (pas de geste perturbateur tel que doigt dans son nez ou balancement de jambes)	M·····Petit Ours Brun se fait mal
1	1.1	0'6" à 0'8"	2		X				Première question de l'enfant E3 (que l'on peut par la suite identifier comme "gg-menuur" avec E4) : entrée dans l'échange autour de la situation racontée. L'enseignante regarde brièvement l'élève pour lui signifier qu'elle a entendu sa question	E2 investit le récit en se mettant dans la situation de (elle dégage son genou qui est le sujet de l'histoire)	-E3···· comment "y" (il) se fait mal ?
1	1.3	0'8" à 0'9"	3						Un autre élève répète la question posée par E3	Certains enfants ne prennent pas l'initiative mais sont rassurés et confortés dans leur réflexion lorsqu'un autre propose avant eux une formulation qui leur permet relégués ce qu'ils peuvent alors reprendre pour se l'approprier comme référence d'un propos adapté à une situation identifiée	-E2 comment "y" (il) se S fait mal ? M······bourn
1		0'9" à 0'15"	4 (caméra)	X	X				Reprise de la lecture en demande de silence (signe chut en réponse à la question)	L'enseignante rappelle l'attention de E1 et E2 en les regardant rapidement. La caméra perturbe l'attention de E4	M·····bourn… Petit Ours Brun est tombé dans l'allée du jardin.
2	2.2 2.3	0'16" à 0'16"	5 (caméra)	X		X		X	OUIN… OUIN… OUIN… (Lecture du texte)	L'intonation est très accentuée (cri de douleur) → renforcement de l'attention et solicitation émotive en vue d'impliquer les élèves E4 est dérangé par la caméra	M·····OUIN…OUIN… OUIN ! Maman Ourse le console. Ce n'est pas grave Petit Ours, viens or va nettoyer ça.

Les choix opérés dans le second exemple (Annexe 2) à suivre sont signifiants selon une autre forme de description : 3 couleurs sont utilisées pour mettre en évidence des moments relevant de la chronogenèse : le temps de lecture à haute voix du livre (cases en bleu), le temps du questionnement de l'enseignante (couleur verte), les micro-moments d'institutionnalisation partielle qui permettent aux élèves de mentaliser ou de verbaliser ce qu'ils ont compris/appris.

Temps	Etapes	Activités Enseignant		Activités élève
		Gestes professionnels	Institutionnalisation	
04 s	Lecture à voix haute	Pilotage : Lecture		Ecoute
09 s	Questions enfants	Etayage : Encourage les enfants avec son regard Contrôle : demande le silence en soufflant sur son doigt		L2 et L3 Pose des questions.
10 s	Lecture à voix haute.	Pilotage : Lecture Atmosphère : Joue le rôle du petit ours		Ecoute
30 s	Interaction maîtresse / enfants	Atmosphère : Ecoute et acquiescement avec des hochements de tête Etayage : Encourage les enfants avec son regard Atmosphère : Ecoute et acquiescement avec des hochements de tête		Réaction de L2 L2 est attentif Interprétation de L4 Interprétation de L2
44 s	Lecture à voix haute.	Pilotage : Lecture Atmosphère : Joue le rôle du petit ours		Ecoute
1 m 1 s	Question de la maîtresse	Pilotage : Question	« Ho, regardez son genou, qu'est-ce qu'on voit sur son genou ? »	Les enfants écoutent
1 m 06 s	Réponses de trois enfants	Etayage : Encourage les enfants avec son regard et soutient la réponse des enfants		L2, L3 et R4 donnent une réponse
1 m 12 s	Question de la maîtresse	Pilotage : Question	« Pourquoi il est tout rouge son genou ? »	Les enfants écoutent
1 m 15 s	Réaction de L4	La maîtresse n'entend pas		L4 répond
1 m 21 s	Lecture à voix haute.	Pilotage : Lecture Atmosphère : Joue le rôle du petit ours		Ecoute

La lecture devient alors fonctionnelle. L'œil va d'abord chercher à repérer les couleurs, à les regrouper pour permettre au lecteur de spécifier sémantiquement la classification opérée. Ainsi, même si aucun cadrage initial n'est indiqué dans le synopsis 2, le lecteur saisit rapidement que la focale prise est celle de la manière dont la maitresse amène les élèves à construire leur savoir, notamment par le processus d'institutionnalisation des connaissances.

La polychromie incite d'abord à varier le mode de lecture en fonction de l'information recherchée : lecture de survol, lecture sélective... indicielle, elle oriente ensuite le lecteur et lui permet d'opérer des convergences sélectives. La lecture devient alors fonctionnelle, le lecteur caractérisant sémantiquement la/les classification(s) opérée(s).

L'utilisation de couleurs permet une lecture interactive, favorisant une double lecture : le réalisé effectif, chronologique est mis en perspective avec les catégorisations opérées par les choix des couleurs, ce qui crée une synergie au service d'une meilleure compréhension de ce qui se joue du point de vue des gestes professionnels pour le lecteur. Ainsi, la une gestion polychrome permet d'améliorer la lisibilité du synopsis : (i) lisibilité globale : lecture périphérique, vue d'ensemble ; (ii) lisibilité discontinue : lecture par lien inter-blocs, non ordonnée chronologiquement ; (iii) lisibilité continue : lecture complète chronologique. Cette lisibilité par la forme peut se doubler d'une lisibilité par les procédés de lecture supratextuels, comme la mise en relief de segments textuels, ici le passage en gras des termes relevant d'une mise en catégorisation des gestes professionnels : Pilotage », « Contrôle », « Étayage », « Atmosphère » (Bucheton, 2009)

Cette opération, indépendante de la transcription du *dit*, permet une prise d'information relative d'abord à la perception de l'espace-page à partir de laquelle la signification pourra se construire par la mise en relation des éléments graphiques. Ainsi, on constate dans d'autres travaux l'augmentation ou la diminution de la taille de la police, des segments en gras, des majuscules permettant des mises en relief sur lesquelles l'attention du lecteur peut se porter.

4. 3. La hiérarchisation des constituants : une dialectique

L'hétérogénéité interne des unités, sur lesquelles se fonde la description, pose question dans le traitement et l'interprétation des synopsis. En effet, la nature des relations entre les grains macro - méso - micro et le sens qu'on leur donne varient en fonction de l'échelle à laquelle on se place : le synopsis crée des associations spatiales entre des variables qui ne sont pas associées à l'origine, ce qui est susceptible d'affecter les caractéristiques des données.

Cela représente une limite à la pertinence de la lecture du synopsis, car on ne peut mesurer les effets dus à l'expansion ou la réduction des données ou à leur agrégation analytique sans mettre explicitement en relation les données entre elles : à quel niveau situe cette agrégation ? Lorsqu'on ne propose qu'un seul niveau d'analyse, la lecture des données réduites pose la question de l'hétérogénéité spatiale, même lorsqu'un renvoi explicite vers les tours de parole numérotés est renseigné (comme dans le modèle genevois). En revanche, lorsque l'on dispose de plusieurs niveaux emboîtés ou spatialement hiérarchisés, on peut non seulement dégager les structures spécifiques à chacun, mais aussi mettre en évidence les transformations d'un niveau à l'autre, c'est-à-dire repérer (la perte ou le gain de) l'information associée.

Les synopsis produits par les étudiants cherchent à réaliser un système organisationnel défini par des ensembles de données descriptives issues de différents niveaux d'analyse et permettant de lire les niveaux de relations entre eux. À l'échelle la plus fine correspond la transcription. Des niveaux d'agrégation intermédiaires peuvent également faire l'objet de description (méso). La réduction narrativisée des données correspond au niveau macro, dont l'empan est par ailleurs plus ou moins large selon les travaux. La connaissance du fonctionnement de chaque niveau passe par l'étude du lien entre les différents niveaux.

L'engagement de l'espace (latitudinal) relie le descriptif au référentiel (longitudinal, séance effective) et ouvre ainsi un système de relations spatiales qui rendent compte du réel et donne des possibilités d'analyse et de premières interprétations.

Ces synopsis, pris en exemple et représentatifs des autres travaux, permettent donc une lecture latitudinale et longitudinale. Ils sont caractérisés par les thématiques visuelles de la contigüité et de l'inclusion, ce qui n'est pas sans rappeler la nature des liens entre métonymie et synecdoque : si la métonymie établit un lien logique qui permet de faire le rapprochement avec l'élément qu'elle signifie, la synecdoque, type particulier de métonymie, introduit une relation entre le tout et la partie et donne à un élément un sens plus large ou plus restreint que sa propre signification. Ainsi le lecteur peut-il mieux identifier les transformations des informations selon le choix fait par le concepteur de signifier tel ou tel niveau, cette mise en perspective orientant l'analyse ultérieure.

5. CONCLUSION

« La réalisation d'un synopsis est une méthode de mise à plat d'une activité d'enseignement dans le but d'en saisir les principales caractéristiques et sa logique didactique. Elle consiste, après avoir effectué un enregistrement vidéo d'une séance d'enseignement et d'en avoir réalisé la transcription partielle ou totale sous forme verbatim, en la construction d'un tableau synoptique destinée à recueillir l'ensemble des éléments qui constituent cette séance sous forme d'unités et d'activités détaillées. Ces éléments sont catégorisés, ordonnés, hiérarchisés en niveau supérieur, moyen et inférieur puis codés ou étiquetés. La mise en correspondance de ces différentes unités d'analyse permet de saisir les liens entre les catégories, à fin d'explicitation et d'analyse. Le synopsis permet de mettre en perspective les transcriptions complètes ou partielles, les résumés narrativisés des macro-moments déduits des observations ainsi que d'autres moments choisis comme significatifs, et d'en proposer un modèle qui en facilite la mise en relation. Ainsi, le résultat est singulier, chacun mettant en forme les données selon un angle de lecture précis qui permettra une analyse selon un certain point de vue. Cette démarche permet en outre au chercheur de prendre de la distance avec la situation observée. Comme toute démarche, elle reste complexe à mettre en œuvre. Elle nécessite d'être adaptée à la recherche effectuée et peut exiger l'utilisation d'outils complémentaires pour atteindre les objectifs de l'étude. »

Cette synthèse réalisée par une étudiante (année 2017-2018) montre d'abord qu'un travail inductif de construction d'un outil méthodologique est extrêmement formateur pour l'étudiant-chercheur. Elle montre ensuite qu'en recherche qualitative le chercheur modèle sa recherche sur la réalité du milieu d'intérêt, et ce sans que sa subjectivité biaise l'objet d'étude.

La conception du synopsis s'inscrit dans une démarche qualitative itérative qui procède par tâtonnements successifs. En effet, le choix d'unités d'analyse (pressenties comme opératoires pour une interprétation analytique ultérieure par rapport à la focale descriptive initiale) implique une succession d'étapes répétitives. Celles-ci, liées à la problématisation initiale, au choix du grain dans lequel les données vont être présentées, à une première mise en perspective qui orientera l'analyse, sont reconduites au fur et à mesure de la construction de l'outil.

Cette construction itérative permet à terme une analyse holistique et donne un éclairage multidimensionnel de la description faite. L'unité d'analyse choisie doit être contextualisée afin qu'elle devienne signifiante. Cette contextualisation appelle une décontextualisation : chaque niveau d'analyse choisi est extrait de l'ensemble des données afin de pouvoir être caractérisé pour permettre de créer des catégories communes à cette unité d'analyse. La recontextualisation permet ensuite d'envisager de regrouper les unités précédemment décontextualisées afin qu'elles acquièrent une signification commune.

Le synopsis permet donc de constituer les données brutes en corpus exploitable à travers les annotations linguistiques ou sémantiques qui suggèrent des liaisons entre différents plans intervenant dans la transmission de l'objet de savoir.

Le but de ce texte était de s'interroger sur les enjeux relatifs à la validité et à la rigueur d'une approche qualitative de traitement des données brutes, en étudiant le synopsis comme outil agrégateur du traitement des données. Ce questionnement, centré sur l'analyse d'une séquence didactique effective et sur l'articulation entre les gestes langagiers et les autres gestes professionnels, s'est appuyé sur les éléments d'une pragmatique didactique. Le synopsis, outil méthodologique, a été construit de manière inductive, comme outil non réductible au résumé narrativisé des principales étapes de la séquence d'enseignement, mais comme outil de formation susceptible de rendre compte de focales (objets de recherche) au prisme desquelles se révèle l'objet enseigné et appris.

Véronique BOURHIS
*Maîtresse de conférences – CY Cergy Paris Université - INSPÉ,
École, Mutations, Apprentissages, É.A. 4507*

RÉFÉRENCES BIBLIOGRAPHIQUES

BUCHETON, D. 2009. (Dir.), *L'agir enseignant : des gestes professionnels ajustés*. Toulouse : Octarès Eds.

CHAUVIRE C., SACKUR, J. 2013. *Le vocabulaire de Witgenstein*, Ellipses.

COSNIER, J. 1996. « Les gestes du dialogue : la communication non verbale », *Psychologie de la motivation*, 21, 129-138.

DUMEZ, H. 2010. « La description : point aveugle de la recherche qualitative », *Le libellio d'AEGIS*, Vol. 6, n° 2, p. 28-43.

FALARDEAU E., SIMARD, D. 2011. « L'étude du rapport à la culture dans les pratiques enseignantes : le synopsis comme outil de réduction et d'organisation des données », *Recherches Qualitatives*, Vol. 30 (2), p. 96-121.

FOUCAULT, M. 1971. *L'ordre du discours*, Gallimard.

JORRO, A. 2004. « Le corps parlant de l'enseignant. Ententes, malentendus, négociations », dans *Le français : discipline singulière, plurielle ou transversale ? Actes du colloque de l'AIRDF*. Presses du Québec.

LORD, M.-A. 2014. « Adaptation d'un outil méthodologique pour l'analyse de pratiques enseignantes », *L'analyse des données didactiques*, *LIDIL*, p. 133-152.

MARTUCCELLI, D. 2010. *La société singulariste*, Armand Colin.

MONDADA, L. 2000. « Les effets théoriques des pratiques de transcription, Approches sociolinguistiques du plan phonique », *Lynx*, 42|2000.

SCHNEUWLY, B., DOLZ-MESTRE, J., RONVEAUX, C. 2006. « Le synopsis : un outil pour analyser les objets enseignés », dans M.-J. Perrin-Glorian & Y. Reuter (éd.), *Les méthodes de recherche en didactiques : actes du premier séminaire international sur les méthodes de recherches en didactiques de juin 2005*. Villeneuve-d'Ascq : Presses universitaires du Septentrion, p. 175-189.

SENSEVY, G. 2012. « Logique de l'action et film d'étude », *Éducation et Didactique*, vol. 6, n° 3, p. 167-177.

SUCHMAN, L. 1987. *Plans and Situated Action*, Cambridge University Press.

VYGOTSKI, L. 1934. *Pensée et Langage,* Éditions La Dispute, 1997.

WITTGENSTEIN, L. 1921 (2004, trad. franç.). *Recherches Philosophiques*, Paris : Gallimard.

DES CORPUS VIDÉO POUR (RE)CONSTRUIRE L'INTENTION DE LA PAROLE MULTIMODALE DE L'ENSEIGNANT

Résumé : Cette contribution propose une analyse croisée de commentaires métalangagiers évaluatifs émis par une enseignante filmée dans ses cours de français langue première et seconde. Visionnés par le chercheur, ils sont d'abord pris comme objets d'étude pour en comprendre la réalisation multimodale. Visionnés par les élèves destinataires de ces commentaires, ils sont l'objet de métadiscours dont l'analyse offre l'occasion d'observer dans quelle mesure les apprenants s'appuient sur divers paramètres pour comprendre l'intention de l'acte évaluatif en contexte. Cela nous invite à réfléchir à la dimension réflexive concernant le discours pédagogique et l'emploi d'un français de scolarisation que l'utilisation de corpus de classe permet de développer chez les apprenants.

La poursuite et la réussite de l'objectif d'apprentissage sont un processus collaboratif. L'expérience intersubjective et donc la compréhension de l'intentionnalité, consciente ou non, contenue dans les interventions de chacun vont être des paramètres essentiels dans sa réalisation.

Cela étant dit, la compréhension de l'intentionnalité d'autrui n'est pas toujours évidente. D'une part, celle-ci n'est pas toujours consciente : le corps peut parfois « dire » notre intention avant même/sans que nous en ayons (encore) conscience (Azaoui, 2017). D'autre part, certains paramètres culturels (Duranti, 2006) peuvent freiner son appréhension, par exemple le degré de familiarité des élèves avec le fonctionnement de leur enseignant ou de l'institution scolaire.

Ainsi, les élèves allophones nouvellement arrivés en France (EANA) sont confrontés à une culture éducative (Beacco *et al.*, 2005) qui ne partage pas nécessairement les mêmes normes scolaires (Azaoui, 2016) que celles auxquelles ils ont pu être confrontés dans leur scolarité au cours de leur parcours migratoire. Si une part de la compréhension de l'intention visée par l'enseignant est dépendante de la compréhension linguistique de l'énoncé, d'autres aspects sont liés aux éventuels implicites culturels (au sens notamment de culture scolaire) qui opacifient potentiellement le message et échappent aux élèves, qu'ils soient allophones ou francophones. Or, tout élève ne peut coopérer que s'il est en mesure de (re)construire le sens de l'interaction, de ses enjeux et de l'intention conversationnelle (et donc pédagogique).

Une manière de le faire est de filmer et analyser des séances dans des dispositifs pour élèves allophones arrivants (UPE2A) et dans des classes dites ordinaires, mais aussi de mener et filmer des entretiens hétéroscopiques avec des élèves (Azaoui, 2019a), à partir d'un corpus vidéo de séances de classe, pour évaluer leur degré de compréhension des intentions de leur enseignante. Dans une conception multimodale de la communication, nous considérons les réalisations mimo-gestuelles de l'enseignante comme des supports à prendre en compte dans la construction du sens.

Ainsi, cette contribution s'attachera à montrer comment des corpus vidéo peuvent permettre l'analyse multimodale à même d'appréhender les gestes professionnels et les intentions pédagogiques dont ils sont vecteurs. Nous argumentons en faveur d'un usage de ce type de corpus audiovisuels comme outils d'oral réflexif permettant une meilleure compréhension des rôles de la parole dans la classe.

1. ENSEIGNER-APPRENDRE EN FRANÇAIS ET CONSTRUCTION DE L'INTENTION

La question du traitement didactique de l'oral en classe de français est un sujet qui souffre de son apparente évidence. Les compétences qui lui sont propres ne nécessiteraient pas de prise en charge par l'école. Cette partie revient sur cette conception erronée qui concerne également la compréhension de l'oral et propose de s'arrêter sur l'intérêt de mettre en place un oral réflexif pour favoriser le traitement didactique de ce domaine.

1. 1. La place de l'oral dans les apprentissages

L'histoire de la didactique de l'oral est une « histoire à éclipses » (Nonnon, 2011 : 184). Ce champ est mis en lumière par intermittence alors qu'il mérite une attention continue car, d'une part et quelle que soit la discipline, il a un rôle central dans les apprentissages scolaires et, d'autre part, la littérature scientifique fait état d'une conception vraisemblablement erronée de l'apprentissage/enseignement scolaire de l'oral selon laquelle il suffirait que l'école apprenne à l'enfant « à réaliser des opérations complexes à l'oral (raconter, décrire, argumenter, expliquer des procédures…) » (Maurer, 2001 : 43). Pour ce qui relève de la portée pragmatique des formes linguistiques, elle « serai[t] automatiquement donné[e] à l'enfant avec l'accroissement de ses compétences linguistiques » (ibid. : 44).

Il semble en être de même avec la compétence liée à la compréhension de l'oral : « Tout se passe comme si comprendre résultait naturellement de la pratique des activités scolaires et de l'enseignement de la langue » (Verdelhan-Bourgade, 2003[1]). Il est assez fréquent d'observer des pratiques de classe de

---

1.   Référence numérique sans pagination, ni indication de paragraphe.

langues (français inclus) visant à entrainer les élèves à apprivoiser différents types d'interactions et genres de discours oraux, produits dans des contextes différents. Si un travail sur l'écoute de l'oral peut aider des élèves à « tenir compte de ce que dit un camarade, à lui répondre, à se situer par rapport à lui » (Nonnon, 2011 : 197), peut-être peut-on également considérer qu'un travail similaire sur le dire de l'enseignant peut être envisagé pour familiariser les élèves aux spécificités du discours pédagogique, complexe notamment parce qu'il est souvent à cheval sur plusieurs temps didactiques (l'activité faite, à faire et en train d'être faite) et qu'il contient plusieurs éléments d'information que l'élève doit être en mesure de distinguer pour comprendre les attendus de son enseignant. L'intérêt d'une telle formation à la compréhension nous parait également pertinent en ce que le discours pédagogique revêt une dimension interculturelle non négligeable puisqu'il met en contact des normes divergentes selon les disciplines, les niveaux d'enseignement, le français utilisé (social *vs* scolaire), et a fortiori selon les cultures éducatives.

1. 2. L'oral réflexif en français langue de scolarisation

À ce sujet d'ailleurs, il s'avère nécessaire de distinguer le français langue maternelle du français langue de scolarisation (Verdelhan-Bourgade, 2002) pour signaler les spécificités de ce domaine-ci qui demande des compétences particulières. D'ailleurs, comprendre les éléments relevant de la dimension linguistique de l'oral ne suffit pas toujours à des élèves français, a priori aguerris aux échanges de classe en France, pour saisir l'intention du message (Azaoui, 2019a). Dès lors, nous pouvons supposer que des élèves allophones, dont la maitrise du français et de ses codes communicationnels est en cours de construction, seront d'autant plus susceptibles d'être confrontés à de telles situations d'incompréhension.

Il apparait dès lors nécessaire d'accompagner ces élèves allophones dans une appréhension apaisée des échanges de classe dites ordinaires dont la spontanéité et le caractère polylogal (Bouchard, 2005) peut déstabiliser par son aspect que d'aucuns pourraient trouver désorganisé.

Verdelhan-Bourgade (2003) a proposé une ébauche de typologie d'actes de compréhension qui peut se révéler intéressante dans le cadre d'enseignement consacré à ce domaine en français langue de scolarisation :

> « - les actes de repérage ;
> - les actes d'inférence ;
> - les actes de dépassement du dit ;
> - les actes de relation ;
> - les actes de classement ;
> - les actes de création. »

Un point en particulier nous intéresse : celui des « actes de dépassement du dit » qui requièrent une aptitude à accéder notamment à l'implicite, à ces non-dits qui participent pourtant à l'intention de l'enseignant. Verdelhan-Bourgade (*ibid.*) y inclut :

> « en deçà :
> - repérer et interpréter les implicites, les ellipses ;

- remplir les « blancs du discours» ;
  au-delà :
- anticiper, comprendre la suite ;
- deviner où on veut nous mener ;
- faire des hypothèses. »

Travailler ces actes-ci peut s'effectuer en mettant en œuvre un « oral réflexif » (Jaubert & Rebière, 2002), qui « [permet] aux élèves de construire ou d'ébaucher un point de vue nouveau, de nouveaux réseaux conceptuels et un nouveau contrôle de leur activité scolaire » (p. 168). Cette secondarisation des productions d'élèves, initialement envisagée par les auteures pour développer chez ces derniers de nouvelles compétences linguistiques et communicationnelles, nous semble un outil tout à fait opportun pour procéder à une démarche réflexive concernant le discours enseignant.

Il s'agirait de reconstruire avec les apprenants, *a fortiori* lorsqu'ils sont allophones, le sens des échanges de classe en focalisant par exemple sur l'intention contenue dans le discours multimodal de l'enseignant. Cela aurait pour intérêt de les former à comprendre les attentes scolaires/professorales parfois implicites et à s'intéresser également aux actions professorales non verbales porteuses de sens. Avec des élèves allophones, ce genre de travail aurait le double mérite de permettre également un travail sur la langue scolaire dans diverses disciplines.

Une telle entreprise asynchrone nécessiterait par exemple de constituer un ensemble de corpus vidéo d'interactions didactiques à partir desquels les enseignants pourraient élaborer des séquences d'enseignement pour faciliter une prise de distance sur les pratiques de classe et en comprendre les enjeux. Cette démarche pourrait s'avérer pertinente pour les élèves allophones et les élèves français changeant de niveau (CM2>6e et 3e > 2nd) et donc de cultures scolaires.

2. MÉTHODOLOGIE

C'est ce que nous avons mené en parallèle de l'analyse d'un corpus d'interactions didactiques. Nous avons organisé des entretiens hétéroscopiques (Azaoui, 2019a) qui permettaient à des élèves de l'enseignante observée de contribuer à la compréhension de l'action professorale par leurs commentaires métadiscursifs sur la pratique évaluatrice multimodale de leur enseignante.

L'objectif était d'observer dans quelle mesure la construction de l'intentionnalité était partagée entre l'enseignante et ses élèves. Il nous semble qu'une telle compréhension de ces intentions constitue une étape vers une compréhension des enjeux didactiques plus globaux.

Le corpus est constitué de deux sous-ensembles. Le premier réunit des vidéos d'interactions didactiques en cours de français langue seconde. Après une transcription à l'aide du logiciel ELAN, nous les avons visionnés à plusieurs reprises pour étudier, sur la base d'une analyse du discours en interaction (Kerbrat-Orecchioni, 2005), la pratique multimodale de l'enseignante, notamment dans son rapport aux normes scolaires. Le second rassemble des vidéos d'entretiens hétéroscopiques durant lesquels des élèves allophones[2] et francophones interviewés produisent des commentaires sur des extraits des vidéos d'interactions didactiques mentionnées. Ces extraits étaient tous en lien avec la pratique évaluative de l'enseignante. La consigne donnée aux élèves volontaires et en mesure de pouvoir communiquer leur réflexion dans un français structuré était de visionner les extraits et de commenter les éléments qui leur paraissaient dignes d'intérêt. Ils avaient la totale maitrise de l'ordinateur sur lequel ils regardaient les films de classe.

3. ANALYSE ET RÉSULTATS

Avant d'en venir spécifiquement au travail possible à partir de corpus vidéo dans lesquels des élèves observent et commentent la pratique de leur enseignante, il nous parait nécessaire de proposer une analyse d'un extrait sur lequel des apprenants allophones réagissent. Dans un second temps, nous présenterons des analyses de corpus hétéroscopiques qui donnent à voir la compréhension que les élèves interrogés ont des intentions pédagogiques de leur enseignante.

3. 1. Corpus vidéo et oral réflexif avec des élèves allophones

Nous prendrons ici pour exemple d'analyse de séance de classe un extrait d'interaction initiée par la réalisation d'une activité rituelle avec cette enseignante : le petit journal (Azaoui & Matheu, 2017), durant lequel les élèves allophones sont invités régulièrement à partager une information tirée de leur quotidien.

Dans l'échange suivant, Carlos dicte à son enseignante son Petit journal, dans lequel il est question d'un discours télévisé prononcé la veille par le président François Hollande. Dans cet exemple, Carlos, un élève espagnol, omet d'utiliser en début de phrase un pronom personnel sujet, facultatif dans sa langue d'origine.

---

2.   La démarche nécessitait que les élèves aient un niveau de français suffisant pour exprimer et argumenter leur opinion. Ces élèves étaient en cours d'acquisition d'un niveau B1.

1	Carlos	dans le discour/s/, a dit qu/e/[3]
2	E	IL a dit alors en français on est obligés de dire il. on peut pas dire a dit on est obligés de mettre un pronom. il a dit
3	Carlos	peut dire on a dit ?
4	E	on a dit alors on c'est nous. non c'est lui qui a dit. IL a dit
5	Carlos	on c'est <igual> que il, on ne dit on a il a
6	E	non non alors ça se- alors, c'est comme- ça se conjugue comme il. mais on, ça veut dire le sens. la signification de on, c'est nous
7	Carlos	nous
8	E	d'accord. quand on dit on, on parle de nous. par exemple en ce moment, on est en classe. on est dans la salle douze. on est ensemble. d'accord ? je parle de nous, de nous tous. d'accord ? mais ça se conjugue comme il. mais ça veut pas dire il. tu comprends
9	Carlos	hm
10	E	c'est un peu difficile, mais quand tu parles de quelqu'un comme le pré-sident tu vas dire il

L'enseignante intervient de suite pour réparer cette erreur. Carlos semble comprendre l'intervention de l'enseignante, mais n'a pas encore intégré l'information puisqu'il poursuit en produisant un énoncé comportant la même erreur « peut dire » (tour 3).

Carlos initie une discussion orientée vers le code, sur la différence d'usage des pronoms « il » et « on » (tours 3 et 5). Il amène l'enseignante à développer davantage sa correction métalinguistique dont elle facilite la compréhension grâce à la gestuelle (Fig. 1).

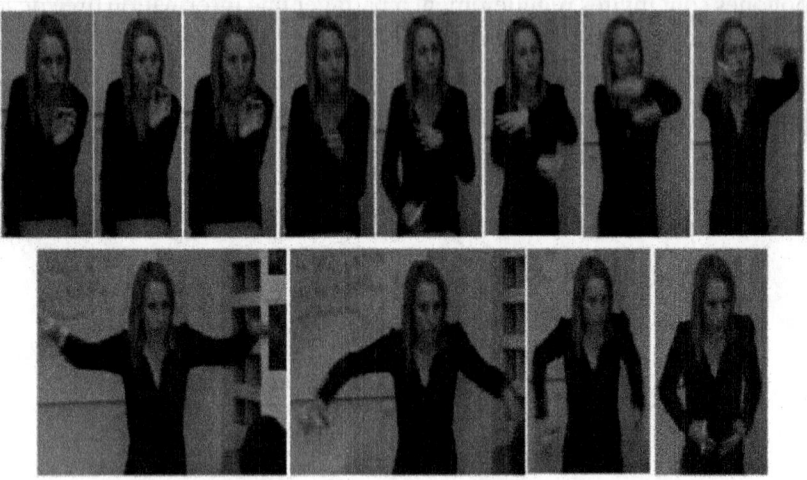

Figure 1 : L'enseignante accompagnant l'explication de la différence on-nous par les gestes

---

3.   Conventions : /.../ : prononciation phonétique ; <...> : utilisation d'un terme dans une autre langue.
À noter qu'il n'y a pas de majuscules après les points, celles-ci étant consacrées, selon nos conventions à l'emphase prosodique.

Sur les trois premiers clichés, l'enseignante produit un emblème que Morris *et al.* (1979, p. 101) nomment « doigts en forme d'anneau » et auquel Calbris & Montredon (1986, p. 15) attribuent une valeur de précision ou d'exactitude. Il permet en l'occurrence d'attirer l'attention sur un élément précis, en l'occurrence le pronom « on ». L'enseignante poursuit son explication métalinguistique en produisant un geste iconique pour signifier l'ensemble, « nous ». Cette construction interactive du sens du pronom et des normes d'usage a été initiée par Carlos qui ne semblait pas satisfait de l'argument prescriptif que lui proposait l'enseignante au tour 2.

Il nous semble intéressant de pouvoir croiser cette analyse avec le discours produit par les élèves récipiendaires de cette intervention de l'enseignante.

Dès les premières paroles, il est possible de se rendre compte que les élèves interrogés ont su attribuer le sens visé par l'enseignante. Dans le commentaire proposé par un des deux élèves, on s'aperçoit de l'importance des gestes produits par l'enseignante. Ils ont en partie facilité la compréhension, comme en témoignent ces énoncés et les captures d'écran (Fig.2) : « on, c'est nous avec des gestes » / « on voit que nous, c'est comme ça ». D'ailleurs, durant l'activité métagestuelle (Azaoui, 2019a) réalisée par cet élève, on s'aperçoit qu'il reproduit assez scrupuleusement le geste relatif à l'explication du pronom *nous* en réalisant un cercle large de ses mains, tout comme l'avait fait son enseignante.

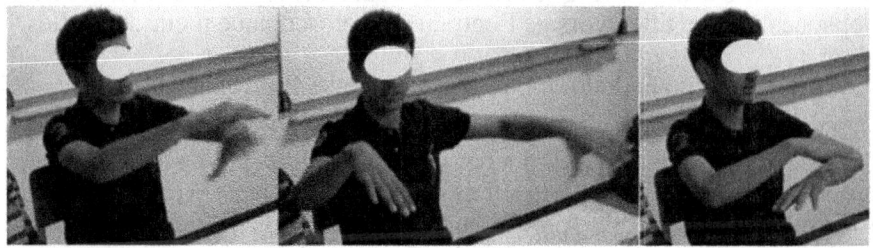

Figure **2** : L'élève allophone reproduisant l'explication gestuelle on-nous

À l'inverse, nous pouvons noter qu'une part de l'explication gestuelle attribuée à l'enseignante est en quelque sorte imaginée : la partie concernant le commentaire métalinguistique lié à l'utilisation du pronom *il* : « Kader, *il* c'est un personne c'est lui, c'est il » est accompagné de d'explications et de gestes que l'enseignante ne produit jamais (Fig. 3 et 4) :

Figure 3 : Geste réalisé sur le segment « une personne »   Figure 4 : Geste réalisé sur le segment « il »

L'élève représenté sur les captures d'écran effectue un geste symbolisant l'exclusion d'un ensemble : *il* apparait comme une forme de tiers extérieur à la situation d'énonciation. Ses gestes sont une représentation visuelle de la compréhension de la distinction il *vs* nous.

On le voit donc, les explications grammaticales multimodales proposées par l'enseignante offrent aux élèves l'opportunité de s'appuyer sur différents modes utilisés pour transmettre un même message, ce qui favorise la compréhension de l'intention recherchée par le locuteur (Colletta, 2004), a fortiori dans le cadre de communication exolingue. Toutefois, si l'explication de l'enseignante vise initialement la compréhension de la relation morphosyntaxique (les énoncés sont précédés d'un pronom), elle glisse progressivement vers la distinction nous/on. L'activité métagestuelle de l'élève offre ainsi un autre point de vue sur les valeurs de *il* et *on* différent de celui adopté par l'enseignante.

Cela étant dit, un élément de son explication peut nous interpeller : l'emblème « doigts en forme d'anneaux », réalisé par l'enseignante et représenté dans les premières vignettes ci-dessus, n'est pas commenté par l'élève alors qu'il possède une valeur référentielle non négligeable pour la compréhension de l'explication puisqu'il permet d'attirer l'attention sur *l'élément clé* du discours. A-t-il été perçu par l'apprenant ? Il est bien entendu impossible de le savoir a posteriori mais, fait remarquable, ce même geste, réalisé par cette enseignante dans un autre contexte (Fig.), suscite le débat dans un groupe d'élèves francophones (quatre filles) lors de l'entretien hétéroscopique mené avec elles.

3. 2. Corpus vidéo et oral réflexif avec des élèves francophones

Dans l'extrait visionné, l'enseignante offre une explication grammaticale à un élève concernant l'accord sujet-verbe : « Medhi, si tu avais mis toutes les eaux du ciel, au [pluriel], tu aurais mis tombèrent, mais là comme tu as dit l'[eau], c'est tomba ». Elle produit sur cet énoncé plusieurs gestes manuels et céphaliques qui participent à l'explication métalinguistique proposée par l'enseignante (voir Azaoui, 2019b pour une analyse détaillée). Toutefois, nous nous intéresserons ici au geste réalisé sur « pluriel » (Fig. 5), sur lesquels réagissent les élèves.

Figure 5 : Geste que l'enseignante produit sur le mot « pluriel »

Ce geste est concomitant avec un des éléments centraux de l'explication et vient en cela appuyer le discours. Néanmoins, les élèves rencontrent des difficultés à lui attribuer un sens et s'engagent dans des explications hypothétiques qui rappellent la non-transparence de certains gestes même auprès d'élèves appartenant à une même communauté linguistique (Azaoui, 2019a) :

1	Monique	en général c'est quand les parents ils veulent nous punir ils disent tu arrêtes tout de suite de faire ça
2	Audrey	non là c'est pour le corriger non c'est pas comme ça (*l'élève glose le geste*)

Un peu plus loin, dans les échanges suscités par cet extrait visionné, Audrey confirme son interprétation : « C'est pour corriger, pour nous dire c'est COmme ça ». Toutefois, si ce qu'elle rapporte verbalement pouvait nous laisser supposer qu'elle a perçu l'intention corrective visée par l'enseignante, le geste qu'elle reproduit (Fig. 6) donne à voir une interprétation supplémentaire a priori non contenue dans le geste réalisé par l'enseignante.

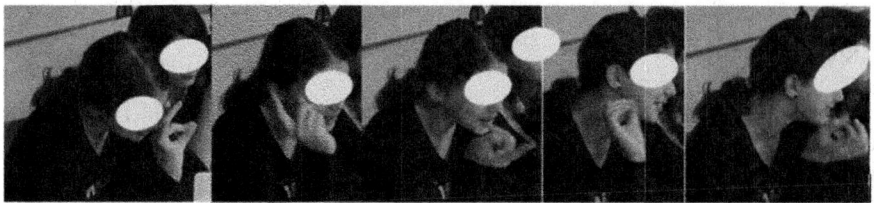

Figure 6 : Gestes réalisés par l'élève pour accompagner son interprétation de l'énoncé de l'enseignante

Les vignettes 2 et 3 de la figure ci-dessus montrent comment les « doigts en forme d'anneau » sont remplacés temporairement par un doigt menaçant, qui n'accompagne aucun énoncé de l'élève, mais auquel on peut attribuer le sens habituellement véhiculé : celui de reprendre ou gronder une personne. Ce sens fait écho à celui que lui accorde Monique dans l'extrait précédent lorsqu'elle évoque le geste des parents tançant leur enfant : « c'est quand les parents ils veulent nous punir ».

En fait tout comme le laissent supposer d'autres exemples du corpus, cet exemple nous amène également à penser que des élèves peuvent éprouver des difficultés à donner du sens à des gestes qui n'illustrent pas la parole prononcée et, partant, viennent en quelque sorte ouvrir la porte à des interprétations supplémentaires non contenues dans le message initial de l'enseignante (Azaoui, 2019a).

Par ailleurs, comme l'indique l'extrait d'échange entre Monique et Audrey, le corpus filmé d'interactions didactiques offre l'opportunité de confronter des compréhensions de l'intention perçue chez chacune d'entre elles. Cet échange de points de vue permet d'ébaucher un point de vue nouveau sur la pratique enseignante et d'engager un processus de décentration dans la façon d'observer et de comprendre ce qui se joue dans la classe. Tout comme l'oral réflexif tel qu'envisagé par Jaubert & Rebière (2002), ce principe de métacommunication médiée par ordinateur avec des élèves permet, dans le cadre scolaire, de prendre du recul avec la parole enseignante, comme outil de communication, et de débattre des intentions qu'elle contient.

Si l'on se situe du côté de l'enseignant, nous voyons comment l'utilisation de tels corpus vidéos accorde une place à la « voix physique » (cf. argumentaire) de l'enseignante et réhabilite la complexité du discours pédagogique en considérant sa dimension multimodale. Or, si l'on prend l'exemple de la formation initiale, nombre d'enseignants stagiaires sont focalisés par la préparation des séances et séquences ; ils en oublient parfois de mener une réflexion préalable sur la mise en œuvre concrète, supposant que, la transposition physique de la planification allant de soi, aucun hiatus intention enseignante/réception par les élèves n'est susceptible de contrarier le processus d'enseignement-apprentissage. Aussi, un traitement de ces corpus dans la formation des enseignants pourrait offrir l'occasion de sensibiliser à cette dimension afin de faire prendre conscience aux possibles dissonances avec les « voix du savoir » (cf. argumentaire) et envisager des manières de les éviter.

CONCLUSIONS

Les exemples retenus permettent de voir assez distinctement l'intérêt du corpus pour engager une démarche réflexive avec des élèves sur le discours pédagogique et, plus globalement, sur la réalité de la classe traditionnellement vue/vécue de l'intérieur.

Il semble exister trop peu d'occasions pour les accompagner dans une verbalisation de leur perception et compréhension des enjeux scolaires et des actions professorales. Cela encouragerait pourtant à mener une réflexion/réflexivité sur leurs statuts : d'élève (sujet administratif) et d'apprenant (sujet pédagogique) « devant se comporter et étudier de telle ou telle manière » (Reuter, dir., 2010., p. 92). Les amener à s'envisager en tant qu'apprenant favoriserait nous semble-t-il une prise de recul sur les attendus de l'école.

Aussi, à la suite de Perrenoud (2001) et de Bucheton et al. (2008, p. 42), nous reconnaissons l'intérêt didactique et formatif des séances de métacommunication avec les élèves pour croiser les regards sur les pratiques professionnelles. Nous avons d'ailleurs cherché à montrer en quoi l'utilisation de corpus vidéo visionnés avec des élèves offrait l'opportunité de revenir sur les échanges de classe pour a minima faire émerger et éventuellement mettre à discussion la compréhension des intentions pédagogiques contenues dans la parole enseignante. Les corpus filmiques de classe apparaissent comme des supports appropriés à cette démarche en ce qu'ils permettent de mettre à distance les interactions ayant eu lieu tout en s'appuyant sur une représentation « objective[4] » des événements didactiques.

---

4. Nous sommes bien entendu conscient qu'aucun film de classe ne peut être objectif (d'où l'usage des guillemets) dans la mesure où l'orientation de la caméra, sa place dans la classe, proposent un point de vue nécessairement restreint sur cette réalité. Nous pouvons toutefois lui reconnaitre une

Ce type de corpus, utilisé avec des élèves allophones, est doublement riche d'enseignement. D'une part, il permet de travailler avec eux sur leur compréhension des pratiques professorales et des enjeux scolaires culturellement marqués[5]. D'autre part, les amener à verbaliser à partir de ces supports est susceptible de participer à la construction de leur compétence linguistique. Ces corpus de classe peuvent en effet servir de support pédagogique pour travailler les différents « actes de compréhension » (Verdelhan-Bourgade, 2003) dans des situations authentiques afin de les préparer à l'inclusion dans les classes dites ordinaires.

Brahim AZAOUI
Maitre de conférences
LIRDEF, Université de Montpellier

BIBLIOGRAPHIE

AZAOUI, B. 2016. « Empowerment, socialisation langagière et normification chez des élèves allophones », *Cahiers de linguistique*, *42*(2), p. 103-110.

AZAOUI, B., MATHEU, N. 2017. « Le tableau, espace de coconstruction multimodale d'une identité de scripteur chez des élèves allophones », *Nouveaux cahiers de la recherche en éducation*, *20*(2), p. 24-48.

AZAOUI, B. 2019a. « Ce que les élèves disent et voient du corps de leur enseignant : analyse multimodale de leur discours », dans V. Rivière, N. Blanc, (dir.), *Observer l'activité multimodale en situations éducatives : circulations entre recherche et formation*, Lyon : ENS Editions, p. 99-123.

AZAOUI, B., 2019b. (À paraître). « Multimodalité, transmodalité et intermodalité : considérations épistémologiques et didactiques », *Revue de recherche en littératie médiatique multimodale (R2-LMM)*.

BEACCO, J. C., CHISS, J. L., CICUREL, F., VÉRONIQUE, D. 2005. (Dir.). *Les cultures éducatives et linguistiques dans l'enseignement des langues*, Paris : PUF.

BOUCHARD, R. 2005. « Les interactions pédagogiques comme polylogues », *Lidil*, 31, Accessible ligne : http://lidil.revues.org/150.

BUCHETON, D., BRUNET L.-M., DUPUY, C., SOULE, Y. 2008. « Chapitre 1. Voyage au centre du métier. Le modèle des gestes professionnels des enseignants et leurs ajustements », dans D. Bucheton, O. Dezutter, (dir.), *Le développement des gestes professionnels dans l'enseignement du français: Un défi pour la recherche et la formation*, Louvain-la-Neuve : De Boeck Supérieur, p. 35-59.

CALBRIS, G., MONTREDON, J. 1986. *Des gestes et des mots pour le dire*, Paris : Clé international.

COLLETTA, J. M. 2004. *Le développement de la parole chez l'enfant âgé de 6 à 11 ans. Corps, langage et cognition*, Sprimont : Mardaga.

---

plus grande objectivité que les reconstructions que pourraient proposer les élèves lors de séances de métacommunication non médiées par l'ordinateur et qui s'appuieraient pour l'essentiel sur la mémoire de chacun.

5.   Une telle démarche serait également applicable avec des élèves de CM2 s'apprêtant à intégrer une classe de sixième pour leur permettre de se projeter avec plus de sérénité dans leur future scolarité aux codes scolaires différents.

DURANTI, A. 2006. « The social ontology of intentions », *Discourse Studies*, 8(1), p. 31-40.

JAUBERT, J, REBIÈRE, M. 2002. « Parler et débattre pour apprendre : comment caractériser un "oral réflexif" ? », dans J.-C. Chabanne *et al.*, (dir.), *Parler et écrire pour penser, apprendre et se construire*, Paris : PUF, p. 163-186.

KERBRAT-ORECCHIONI, C. 2005. *Le discours en interaction*, Paris : Armand Colin.

MAURER, B. 2001. *Une didactique de l'oral : du primaire au lycée*, Paris : Bertrand-Lacoste.

MORRIS, D., COLLETT, P., MARSH, P., O'SHAUGHNESSY, M. 1979. *Gestures. Their Origins and Distribution*, New-York, NY. : Stein and Day.

NONNON, E. 2011. « L'histoire de la didactique de l'oral, un observatoire de questions vives de la didactique du français », *Pratiques. Linguistique, littérature, didactique*, 149-150, p. 184-206.

PERRENOUD, P. 2001. « Le travail sur l'habitus dans la formation des enseignants, analyse des pratiques et prise de conscience », dans L. Paquay *et al.*, (dir.), *Former des enseignants professionnels. Quelles stratégies ? Quelles compétences ?* Bruxelles : De Boeck Supérieur, p.181-207.

REUTER, Y. 2010. (Dir.). *Dictionnaire des concepts fondamentaux des didactiques*, Bruxelles : De Boeck.

VERDELHAN-BOURGADE, M. 2002. *Le français de scolarisation. Pour une didactique réaliste*, Paris : PUF.

VERDELHAN-BOURGADE, M. 2003. « Apprendre à comprendre l'oral en situation de français de scolarisation », *Actes du colloque « Didactique de l'oral »*, Accessible en ligne.

DES CORPUS POUR TRAVAILLER
LA COMPRÉHENSION DE L'ORAL

Résumé : Ce texte est le fruit d'un échange entre trois didacticiens issus de champs et de traditions différents qui ont eu envie de confronter des exemples de corpus issus de ces champs distincts dans le but de mieux comprendre les liens entre les corpus, leur(s) usage(s) et leurs destinataires.

Que ce soit pour le français langue de scolarisation[1] (FLScol), langue seconde (FLS) ou étrangère (FLE), que ce soit pour enseigner la maitrise de la langue, la production ou la compréhension, l'enseignement ne se conçoit plus sans appui sur des « corpus ». On trouve cependant dans les manuels et les pratiques d'enseignement des corpus bien différents les uns des autres, dans leur élaboration, leur ampleur ou leur fonction. Il s'agit par conséquent, avant de développer notre réflexion, de clarifier quelque peu ce que recouvre ce terme de *corpus* et la manière dont nous l'utiliserons. Nous nous interrogerons ensuite sur les corpus utilisés en classe pour travailler la compréhension de l'oral (ou CO) et analyserons quelques exemples afin de mettre en évidence quelques-unes de leurs caractéristiques. Nous nous centrerons sur des corpus enregistrés, dont l'audition sert de base (ou, pour le moins, de point de départ) au travail à effectuer pour développer les capacités de compréhension des apprenant·e·s. En corolaire, il s'agit d'expliciter le ou les objet(s) d'enseignement et d'apprentissage – qui sous-tend(ent) la constitution des corpus –, la *compréhension de l'oral* en l'occurrence. Enfin, sur la base de ces analyses, nous tenterons de développer quelques idées concernant la *validité* des corpus et de leur usage.

1. À PROPOS DES CORPUS EN DIDACTIQUE DES LANGUES

Globalement, la notion de corpus renvoie à l'idée de « recueil », d'« ensemble ». Si l'on écarte d'emblée les définitions qui ne concernent pas le langage[2], nous

---

1.   Nous utiliserons cette dénomination – ou, parfois, celle, quelque peu ambigüe, de langue première – et non celle de FLM du fait de la réalité des classes d'aujourd'hui, qui incluent de plus en plus souvent, partout en francophonie, un nombre important d'élèves pour lesquels le français n'est pas la (seule) langue première (cf. de Pietro, 2001 ; Dolz, 2000).
2.   Le dictionnaire Larousse mentionne par exemple « le recueil de documents relatifs à une discipline, réunis en vue de leur conservation ». https://www.larousse.fr/dictionnaires/francais/corpus/19410?q=corpus#19299

constatons qu'elle est avant tout liée à la linguistique, d'abord bien sûr à la linguistique distributionnelle puis, plus récemment, à la linguistique de corpus et à la constitution de bases de données textuelles. Le dictionnaire *Larousse* parle d'un « [e]nsemble fini d'énoncés écrits ou enregistrés, constitué en vue de leur analyse linguistique » ; l'*Encyclopedia universalis* la définit comme un « [e]nsemble homogène et significatif de données linguistiques observées et à partir desquelles pourra s'élaborer la théorie » (Sctrick, 2019).

Ces définitions sont évidemment pertinentes, mais elles ne valent que très partiellement pour les usages en didactique des langues – et notamment lorsqu'on s'intéresse à l'usage de corpus pour l'enseignement et l'apprentissage de la compréhension de l'oral. Les définitions de Rastier (2004, 1), qui définit le corpus simplement comme « un réservoir d'exemples ou d'attestations », ou de *Wikipédia* (un « ensemble de documents (…) regroupés dans une optique précise ») s'approchent davantage de ce qu'on observe en didactique. La conception des corpus y est bien plus prosaïque : elle renvoie (ou devrait renvoyer), en effet, à ce réservoir d'exemples regroupés dans une optique précise – contribuer à l'appropriation par les apprenants du ou des phénomène(s) et processus langagier(s) qui président au regroupement effectué. C'est à cette caractérisation que nous nous réfèrerons dans la suite de notre contribution. Comme nous nous intéressons à la compréhension de l'oral, nous considèrerons qu'un texte unique peut faire office de corpus, de réservoir pour l'ensemble des phénomènes qui feront l'objet du travail d'enseignement et d'apprentissage[3]. Dans ce cas, il serait possible de parler simplement de *document didactique*. Cependant, nous préférons utiliser la notion de *corpus*, comme s'agissant d'un recueil de phénomènes langagiers observables et disponibles comme supports de tâche.

1. 1. FLscol, FLS ou FLE : des traditions différentes

La question de la compréhension de l'oral se pose bien sûr de manière bien différente en FLscol et en FLS/FLE. Pour ces deux derniers champs, elle constitue depuis maintenant une cinquantaine d'années une composante centrale de l'enseignement et des apprentissages visés. Il y existe donc une « tradition » des corpus, qui se traduit dans la manière de les concevoir. L'usage de documents oraux ou oralisés[4] est moins évident pour le FLScol et poursuit en outre des objectifs bien différents selon les ordres d'enseignement : bien présentes dans les tout premiers degrés (élèves de 4 à 8 ans), pour développer la conscience phonologique (perception des phonèmes, des syllabes, des rimes) ou la compréhension des albums, les activités d'écoute s'effacent progressivement par la suite au profit d'un travail de plus en plus centré sur l'écrit.

Si l'on prend à titre d'exemple un référentiel pour le FLScol comme le *Plan d'études romand* (désormais PER ; CIIP, 2010), on observe que le

---

3. Ceci n'exclut pas le recours à des corpus constitués d'exemples plus restreints (phrases, mots, paires phonologiques minimales...).
4. Les textes écrits lus, dits ou interprétés sont des documents oralisés.

volet « oral » occupe une place importante. En effet la compréhension et la production orales constituent deux des huit axes qui le structurent pour le domaine des langues. Toutes deux décrivent les apprentissages à réaliser pour maitriser des genres oraux tels que le débat, le conte, l'interview, etc. Peu de choses portent sur les processus et stratégies de compréhension de l'oral ou sur la langue parlée en tant que telle. L'axe spécifiquement consacré au *fonctionnement de la langue* ne comporte en effet aucun élément concernant le fonctionnement et la structure spécifiques de la langue parlée (dislocation, formes interrogatives, etc.). Par exemple, pour le cycle 3, le PER prévoit la « préparation de supports écrits en appliquant les procédés d'écriture et de composition propres au genre choisi » (programme pour le 3e cycle, p. 23). Cette place de plus en plus accessoire octroyée au français parlé[5] au fur et à mesure que l'enfant avance dans la scolarité tend à donner aux élèves une vision faussée de la langue parlée, une vision peu représentative des usages réels des francophones, que ce soit en France, au Québec ou en Suisse romande (Gagnon & Benzitoun, 2020). Cela ne contribue guère non plus à favoriser un véritable travail sur la matérialité langagière de corpus oraux.

De fait, les moyens d'enseignement du FLscol exploitent peu les corpus oraux. L'ouvrage *Mon manuel de français* 7e (Bourdin, 2010) utilisé en Suisse romande[6], illustre bien comment les aspects oraux des corpus sont peu exploités. Dans un chapitre consacré aux récits de vie en littérature, une activité débute par l'écoute d'une première partie d'un texte de Gudule, « Gueule d'amour »[7], puis les élèves sont invités à échanger « avec [leurs] camarades sur [leurs] premières impressions sur le texte : sur quels points êtes-vous en débat ? Sur quels points êtes-vous d'accord ? ». C'est là, lorsque l'élève doit noter ses impressions à partir du texte écouté, la seule « exploitation » proposée de cette phase d'écoute : il n'y a en fait à aucun moment un travail qui problématiserait les processus et stratégies de compréhension de l'oral en tant que tels puisque la suite consiste cette fois à lire le texte et à répondre à diverses questions. Aucune tâche n'est proposée portant sur la CO[8], compétence vraisemblablement perçue comme non problématique, comme acquise. On peut d'ailleurs lire, dans le *Livre du maître*, que « [p]our aider les élèves qui pourraient se sentir en difficulté face à la longueur du texte et pour permettre à **tous** d'entrer dans l'histoire, nous proposons une écoute du début du récit » (Bourdin, 2010, 22). L'écoute d'un texte audio est envisagée ici comme une aide : elle sert à contourner les difficultés de l'écrit et n'est pas considérée comme un objet d'enseignement pour lui-même. L'exemple du texte de Gudule est assez symptomatique de la faible, voire inexistante,

---

5. À la suite de Blanche-Benveniste (2003), par *français parlé*, nous englobons tous les usages de la parole, qui varient en fonction de la situation de communication et des locuteur·trices.
6. Ouvrage adapté de la version française pour tenir compte de certaines spécificités de l'école romande. Le degré 7 correspond au CM 2 en France ou à la 5e année primaire québécoise ou belge (élèves de 10-11 ans).
7. On trouvera la transcription du corpus extrait de *Mon Manuel de français* (corpus A) ainsi que les autres corpus utilisés à l'adresse suivante : https://drive.switch.ch/index.php/s/umzbHFfdKjZoYR3
8. L'acronyme CO tel que nous le définissons ici désigne la compréhension de la langue orale, parlée ou lue : compréhension *de* l'oral donc et non vague compréhension orale dont l'objet reste peu clair.

présence de l'écoute comme activité langagière dans la classe de français de scolarisation. Il est par conséquent temps d'entrer dans l'analyse de « vrais » corpus pour la CO, en prenant un premier exemple et envisageant, dans une première approche, les questions suivantes : comment a-t-il été conçu ? Dans quel contexte ? Avec quels objectifs et pour quelles activités ?

2. UN EXEMPLE POUR AMORCER UNE PROBLÉMATISATION

De façon à rendre visibles nos questionnements, nous avons fait le choix d'amorcer notre réflexion par la présentation d'un corpus. Ce premier abord devrait nous permettre dans un deuxième temps d'esquisser des catégories descriptives et nous amener vers des caractérisations didactiquement pertinentes. En effet, les corpus proposés dans les matériels pédagogiques sont relativement diversifiés – relativement puisque, dans le cas du FLE, un type de texte domine largement le marché : le dialogue. Mais comme nous souhaitions élargir le point de vue sur les corpus, il nous a semblé préférable de viser une aussi grande variété que possible pour amorcer notre réflexion commune. Aussi, dans cette partie descriptive, nous procèderons d'abord au repérage des spécificités de nos documents sonores. Mais, comme nous le verrons ensuite, la validité d'un corpus dépend aussi du traitement didactique qui en est proposé, c'est-à-dire des tâches demandées sur le corpus entendu et des objectifs d'apprentissage poursuivis, ce que nous aborderons plus loin dans le texte.

2. 1. Le moteur

Le corpus *Le moteur* est tiré d'un manuel de compréhension de l'oral (Malandain, 1988). Le principe de ce manuel est d'offrir à l'apprenant un ensemble de discours de francophones prélevés dans des situations variées d'interaction authentique. En effet, aucun des textes n'est produit dans un but didactique. Les voix qu'on y entend n'ont pas été enregistrées en studio par des comédiens, mais en situation d'énonciation réelle et le document est livré brut sans aucun aménagement particulier, sinon le découpage d'une séquence cohérente d'environ une minute dans le flux de paroles[9]. Selon l'expression de Malandain dans sa courte présentation, il s'agit de faire de l'apprenant alloglotte un « mélomane de la parole », métaphore intéressante puisqu'elle pose une finalité liée à la compréhension du français tel qu'il est parlé (1988 : 3).

Dans le texte retenu à titre d'exemple, nous avons un récit produit par une femme francophone. Il s'agit d'un oral spontané authentique monogéré, prélevé dans un échange plus large. Le genre de texte est l'anecdote vécue, donc un court récit qui rapporte un incident vécu par la locutrice :

---

9.   Tous les enregistrements sont proposés deux fois : à côté de la version brute est proposée une version retravaillée en studio qui découpe chaque enregistrement par des pauses destinées à ralentir le flux et à permettre une écoute fractionnée.

> Des amis viennent me voir au Pérou
>   ça f[ai]sait pas très longtemps que j'y étais[10]
>   ça f[ai]sait un peu plus d'un an
> et i[ls] me demandent de leur prêter la voiture
> je dis bien sûr d'accord [...]

La syntaxe est bien celle de l'oral avec ses ruptures, ses répétitions, ses juxtapositions et ses incises. L'organisation textuelle est donc propre au français parlé avec des enchâssements de phrases qui sont organisées moins par des marqueurs lexicaux que par des marques prosodiques (perdues dans la transcription, mais que l'on peut généralement reconstituer grâce au sens ; *cf.* Blanche-Benveniste, 2003). On observe aussi, par exemple, la présence d'un phatème caractéristique de l'oralité : « figure-toi ».

Au plan morphophonologique, on peut relever différentes variantes qui caractérisent le français parlé : réalisation zéro du *schwa*, réalisation zéro du *ne*, réalisation du ils en [i]. Mais celles-ci ne sont pas systématiques : les formes réduites et les formes plus normées cohabitent dans le discours de cette locutrice.

L'enregistrement est proposé avec un support écrit qui contient la transcription, une série de vignettes illustrant les moments du récit ainsi que des questions d'écoute ciblées. Ces questions portent sur les temps verbaux et leur valeur dans le récit ainsi que sur le repérage des marqueurs de narration.

Ce texte est proposé par un éditeur pour l'enseignement-apprentissage du français et constitue donc un document oral déplacé dans l'espace didactique et non un document brut immergé dans la communication sociale « naturelle ». Il s'apparente à ce qu'Holec (1990) qualifie de *document authentique*[11] dans la mesure où ce n'est pas un document construit à la base à des fins d'apprentissage.

Le récit est mené par une narratrice dont on ignore l'identité, mais qui parle en « je » et est partie prenante du récit. Ces spécificités sont pertinentes pour les processus d'écoute et peuvent même parfois être source de malentendus pour les auditeurs ou pour les élèves. Cette narratrice s'adresse à un destinataire privé et raconte la mésaventure de son véhicule de manière spontanée : la syntaxe, les phénomènes de textualité sont ceux de la langue parlée ; des ressources suprasegmentales (intonation, accentuation, débit) sont présentes dans le récit ; des rires ponctuent le discours et confèrent de la spontanéité au récit entendu.

3. SOURCE, SUPPORT, LANGUE, TEXTE ET MULTIMODALITÉ : CARACTÉRISATION DES CORPUS

Nous sommes maintenant en mesure de poser des catégories qui permettent de caractériser des textes oraux dans une perspective d'enseignement-apprentissage de la compréhension desdits textes. Dans cette partie, nous analyserons

---

10. Les retraits typographiques signalent des commentaires en incise, généralement accompagnés d'effets prosodiques ; les lettres en exposant sont des variantes morphophonologiques.
11. Holec reprend la définition d'Abe *et al.* (1979).

quatre corpus en examinant tour à tour (3.1) la source du document sonore proposé ; (3.2) le genre textuel qu'il illustre, la situation de communication qu'il représente et son support matériel ; (3.3) ses caractéristiques multimodales (les dimensions linguistiques, vocales, visuelles). Il s'agit des corpus suivants :

B. *Le moteur* (Malandain, 1988).[12]
C. *Dans une cité universitaire* (Miquel, 2005).
D. *Les petites bulles, le monde des bactéries* (RTS, 2015)
E. *À la poste* (étudiantes FLE, Neuchâtel, 1985).

3. 1. La source des documents proposés

La source du document sonore ou vidéo constitue la première interrogation relative au traitement du corpus : s'agit-il d'un document brut, « authentique », détourné à des fins didactiques, ou d'un document fabriqué à des fins d'enseignement ou d'apprentissage ?

Le corpus (C) a été extrait du moyen *La grammaire en dialogue* (Miquel, 2005), destiné à un public allophone débutant. Il a été produit dans un studio d'enregistrement et interprété par des comédiens professionnels. Il s'agit donc d'un texte *fabriqué* à des fins didactiques, mais dont le contexte de production ne fait l'objet d'aucun commentaire ou information, tant la tradition de ce type de document est bien implantée dans le FLE et bénéficie d'une légitimité qui semble aller de soi. Dans ce cas de figure, l'adéquation du dialogue à des objectifs précis et explicites semble dès lors cruciale et la question sera donc de voir si ces conditions de production favorisent ou, au contraire, entravent l'atteinte des objectifs langagiers. Le corpus (D) est une capsule vidéo, faisant partie d'un ensemble intitulé *Les petites bulles*, repérée sur le site de la Radio Télévision suisse francophone (RTS). L'émission, courte (3 minutes), a été conçue dans l'idée d'une aide à la parentalité : elle vise à donner aux parents et aux enfants la possibilité de découvrir les activités de spécialistes de divers domaines. La capsule choisie concerne le monde des bactéries : un spécialiste explique le fonctionnement d'une station d'épuration. Le corpus des *Petites bulles* (D) s'apparente donc à ce qu'Holec (1990) qualifie de *document authentique* (*cf. supra*). Il ne provient pas d'un moyen d'enseignement, mais a été utilisé – en quelque sorte « détourné » – dans le cadre de formations continues en enseignement. Le corpus (E) a été produit par les apprenantes elles-mêmes, en l'occurrence ici deux étudiantes, l'une anglophone (âgée de 15 ans), l'autre chilienne (14 ans), en classe d'accueil. Ce corpus authentique a été produit en vue d'une exploitation didactique et non détourné après-coup : il met en scène les acquis et difficultés des apprenantes[13].

---

12. Pour ce corpus nous renvoyons les lecteurs à la description qui précède. Mais il sera toutefois à nouveau pris en compte dans les synthèses proposées en fin de chapitre.
13. La démarche a été imaginée dans le cadre d'une recherche plus vaste sur les aspects linguistiques de la migration (Alber & De Pietro, 1995) ; le corpus a d'abord été exploité dans le cadre de la classe d'accueil puis a servi à l'élaboration d'une méthodologie (*Vous dit' comment?*) qui, malheureusement, n'a jamais été totalement finalisée et éditée.

Cette première analyse fait déjà apparaitre un premier constat : un document peut être authentique et toutefois avoir été produit à des fins didactiques ; la didactisation n'est pas nécessairement un détournement après-coup.

3. 2. Genre de texte, situation de communication et support matériel

Ces trois caractéristiques des corpus proposés contribuent à configurer les manières possibles de les exploiter didactiquement. Sous quel format est présenté l'ensemble observé ? Que donne-t-on à entendre, à voir, à lire ? La notion de genre de texte, mais aussi celle d'acte de parole, est utile pour comprendre ce qui pourra éventuellement faire l'objet d'un apprentissage : visera-t-on la compréhension d'actes de parole, constitués d'énoncés courts pouvant éventuellement s'insérer dans des échanges plus longs, ou visera-t-on la compréhension de textes complets relevant d'un genre spécifique et « ayant un effet de cohérence sur le destinataire » (Bronckart, 1997, p. 74) ?

Le contexte – simulé – du corpus *Dans une cité universitaire* (C) est celui d'un dialogue de la vie quotidienne où quatre amis se rencontrent et échangent. La situation de communication représentée est celle de la conversation informelle entre amis. L'idée est de présenter un dialogue entre plusieurs personnes, qui n'ont pas de rôles caractéristiques à jouer dans la régulation de l'échange, si ce n'est de parler, d'initier et de répondre à des questions. Le dialogue à plusieurs démarre par un *Bonjour* et se termine par un *voilà*. À priori, il nous semble difficile ici de saisir ce qui va faire l'objet des apprentissages : la compréhension globale de la conversation, des éléments lexicaux, certains actes de langage ?

La capsule sur les eaux usées (D), impliquant un spécialiste d'un domaine, vise à transmettre des savoirs : par l'explication de la fonction des différents bassins, le processus d'épuration. Le genre représenté est celui de l'exposé oral : le spécialiste, Claude, se charge de présenter les différents bassins et de répondre aux questions des enfants qui, eux, sont invités à les poser. Le document est authentique.

La situation de communication du corpus *À la poste* (E) consiste en un échange transactionnel se déroulant dans un cadre institutionnel (la poste) et impliquant trois protagonistes – deux jeunes apprenantes et un postier, locuteur habilité de la langue utilisée – engagés dans une interaction fortement ritualisée, autrement dit fondée sur un script culturel bien réglé. Le déroulement des échanges s'avère linguistiquement, et *didactiquement*, intéressant du fait de son caractère exolingue (Alber et Py, 1986 ; Lüdi, 1994 ; Porquier 1984), des difficultés qui en découlent – au niveau des actes de langage réalisés notamment – et des méthodes et stratégies mises en œuvre par les trois partenaires pour les surmonter. Le corpus qui en résulte est certes enregistré en vue d'une exploitation didactique, mais il reste imprévisible et ne cible pas des objectifs d'apprentissage qui pourraient être clairement délimités *à priori*.

Les corpus sélectionnés exemplifient ainsi des genres de textes, des actes de parole ou des interactions divers et montrent des objets d'enseignement multiples, à lier avec des pratiques sociales plus ou moins ritualisées.

3. 3. Caractéristiques linguistiques des documents et traitement de la voix et du corps

L'analyse des corpus interroge aussi la matière langagière susceptible d'être travaillée et la place qui y est faite aux dimensions relatives à la voix et au corps dans la communication orale. La matière langagière fait référence à la (variété de) langue présentée et à son fonctionnement : comment caractériser la morphologie, la syntaxe et les usages du français présentés dans les différents corpus ?

Le corpus *Dans une cité universitaire* (C), en dehors des faits suprasegmentaux, contient peu de traits d'oralité : les variantes morphophonologiques habituelles du français parlé (réalisation zéro du *ne*, réalisation du tu en [t], réalisation de *je* + [s] en [ʃ]) y sont rares. On relèvera tout de même le *on* à valeur de *nous*, la question purement intonative sans marque syntaxique, les variantes de *ils* et de *ne* dans « *ils ne sont pas là* » réalisé [insõpala], l'énoncé *Je suis désolé* réalisé : [ʃɥidezole]. De façon générale, et en dehors de ces quelques éléments, on a affaire à un français parlé d'un registre plus normé que ce qu'on pourrait attendre dans une situation réelle. Les objets langagiers qui sont ciblés via ce corpus sont en effet les verbes *être* et *avoir*, à la forme affirmative et négative (ce qui, soulignons-le, relève l'intérêt de la présence de la forme propre à la langue parlée : [ʃɥi]).

Le texte de la capsule vidéo sur le recyclage des eaux usées (D) alterne des moments d'explication où le spécialiste parle seul et des moments d'explicitation entre le spécialiste et les enfants. Ici, le corpus donne à entendre aux élèves de nombreux phénomènes propres au français parlé : des répétitions qui assurent la cohésion du propos, des ruptures de construction liées au fait que l'énonciateur construit son discours en direct, des autocorrections, des phatèmes (« hein ») qui permettent notamment à l'expert de mesurer si ses jeunes interlocuteurs le comprennent bien; on soulignera également l'utilisation du pronom *on*, l'encadrement par *c'est que…*, la double instanciation du sujet : « ça c'est super », etc. De plus, pour se faire comprendre de ses destinataires, le spécialiste puise parfois des mots de la langue familière : la *nouba*, *ça*, *super*, elles sont avec les *copines*.

Du point de vue de ses caractéristiques langagières, le corpus *À la poste* (E) se distingue de trois manières. On remarque d'abord les nombreuses marques de français parlé présentes dans les interventions du postier : réalisation de *il* comme [i] (tours 1, 5, 7, etc.), voire réalisation zéro (tour 3), réalisation zéro du schwa (tours 7, 11…), absence de *ne* (tours 15, 19), troncations (tour 7 : *d'ans* pour *dedans*, tour 17 : *v'* pour *vous*, etc.), marques lexicales (*ouais, pi*), constructions syntaxiques marquées (tour 3 : *Ouais faut quand même un peu mettre détaillé*; tour 26 : *c'est qu'ça soit assuré*), etc. Ensuite, le corpus présente divers écarts aux normes du français chez les deux alloglottes : *une petite cadeau* (tour 6), *c'est plus que l'argent* (29 et 31), avec des formes qui peuvent rejoindre parfois celles du français parlé : *c'est quoi guichet* (tour 42), *j'sais pas* (tour 43), etc.[14] Mais on relèvera surtout les nombreuses stratégies

---

14.   Ces écarts peuvent être traités comme des marques transcodiques qui montrent en quelque sorte l'altérité des deux apprenantes et suscitent dès lors les stratégies de coopération (Grice,1979) qu'on observe pour assurer la réussite de la transaction.

mises en œuvre, tant par le postier que par les deux étudiantes, pour surmonter les obstacles, qui sont à la fois de nature langagière et culturelle : questions de A et O (tours 1, 8 et, surtout, 23 et 27, ainsi que 35, 42 et 45), recours à des gestes du postier pour expliquer la signification de *guichet* (42 et 45).

4. LES ACTIVITÉS LIÉES AU CORPUS ET LES OBJECTIFS VISÉS

Sans entrer à chaque fois dans les détails, nous examinons les activités proposées, leurs objectifs, le destinataire de ces activités, les types ou niveaux de compétences concernés et, enfin, la fonction du corpus dans le processus d'enseignement et d'apprentissage.

Le traitement didactique proposé dans le corpus *Dans la cité universitaire* (C) est une « observation » du système de la langue. On ne peut ici parler véritablement d'écoute puisque ce manuel ne propose pas d'activité focalisée sur la langue parlée et entendue. Le contraste ou les similarités entre les formes (est / n'est pas, ils sont / ils ont, homophonie ai / est, etc.) n'est pas l'objet d'une approche orale, qui viserait par exemple à développer chez l'apprenant une meilleure acuité à la morphologie telle qu'elle apparait phonétiquement.

Pour un corpus tel que *Les petites bulles* (D), il y a bien écoute, et visionnage, du document. Toutefois, le lien à des objectifs précis, explicites, n'apparait pas comme évident. Telle qu'elle a été présentée en formation continue, la capsule sert à exemplifier le genre d'un « texte qui transmet des savoirs » (PER, 2010) et permet d'illustrer des activités potentielles autour de l'écoute du document vidéo. Lors d'une écoute initiale, les élèves pourraient être invités à prendre des notes pour reformuler les éléments importants du processus d'épuration. Par la suite, une seconde écoute intégrale les conduirait à compléter un guide d'écoute qui propose une schématisation de ces informations ; ces notes seraient alors transformées pour faire l'objet d'un panneau explicatif de cette séquence et donner lieu ensuite à la présentation orale de ce panneau en collectif ; elles pourraient aussi servir à la préparation en vue de la réalisation d'une interview entre deux élèves, un élève jouant le spécialiste et un élève jouant l'élève fictif, etc. Les activités envisagées sont de nature textuelle, centrées sur les contenus véhiculés et les activités langagières qui sont, potentiellement, de nature à les mobiliser ; elles ne portent qu'indirectement sur la langue parlée.

Comme nous l'avons vu, le corpus E, *A la poste*, a été enregistré en vue d'une exploitation didactique, mais reste toutefois un document authentique. Il n'est par conséquent pas conçu pour travailler un aspect très spécifique de la langue parlée. La démarche, suscitée par l'enseignant, consiste à faire produire de tels corpus pour ensuite les analyser lors des cours. Les objectifs didactiques, et les apprentissages potentiels, dépendent donc très directement de deux choses : (a) le déroulement effectif de l'échange et les phénomènes qui ressortent au moment de l'analyse, et (b) la perception des deux apprenantes qui sont invitées à exprimer ce qu'elles ont ressenti dans le cours de cette interaction : obstacles rencontrés et stratégies de résolution, aide (ou non) apportée par le postier, etc. C'est donc avant tout une prise de conscience en vue de la construction d'une « compétence exolingue » (Py, 1991) qui est ciblée ici et qui peut être travaillée par l'analyse des enregistrements et l'explicitation.

Ces quelques observations peuvent être résumées par le tableau ci-contre :

Tableau 1 : Les caractéristiques matérielles et didactiques des corpus analysés

Source	Matière	Genre de texte	Oralité	Caractéristiques propres au français parlé	Objectifs didactiques	Tâches en vue de développer la CO
Manuel *60 voix Pour l'apprenant allophone*, FLE, niveau faux débutant (a2)	Document authentique : extrait Transcription dans le manuel	Récit de vie	Oralité présente Débit assez lent, gestion des pauses	Français parlé	« Mélomane de la parole » Repérage de formes grammaticales et repérage des organisateurs spatio-temporels	Compréhension générale du texte : Associer des vignettes (moments) à un récit oral
Manuel *La grammaire en dialogue*, public allophone débutant.	Document fabriqué, enregistré par des comédiens document intégral Transcription dans le manuel	Conversation (dialogue)	Oralité présente, mais peu marquée	Présence réduite de tournures propres à la langue parlée, français écrit pour être dit	Acquisition grammaticale : verbes être et avoir	Repérage des tournures en être et en avoir
Radio Télévision suisse francophone (RTS) Capsule pédagogique (aide à la parentalité)	Document « authentiquement fabriqué »	Exposé oral	Oralité présente, débit rapide,	Tournures propres au français parlé registre de langue parfois familier	Maitriser un exemple de genre de « texte qui transmet des savoirs »	Reformulation, production orale
Enregistrement d'une interaction par les participant.e.s	Document authentique produit par les apprenant.e.s	Transaction	Oralité présente marques « exolingues » (débit, articulation, gestes…)	Français parlé, marques exolingues	Compréhension de mécanismes communicatifs propres aux situations exolingues	Analyse de l'interaction ; retour réflexif sur l'interaction

Ces quelques observations permettent en premier lieu de mettre en évidence la diversité des activités proposées pour l'exploitation didactique de corpus oraux. Dominent l'*observation* et le *repérage* de certains éléments – le plus souvent grammaticaux et, surtout, souvent en fait à partir de la version écrite du document, à savoir des transcriptions prenant plus ou moins en compte les véritables marques d'oralité présentes dans les documents sonores. Les activités débouchent souvent sur des activités de production, proposées moins en tant que manifestation visible de la compréhension que comme aboutissement, voire comme objectif principal du travail, comme si la compréhension n'était finalement qu'un passage en vue de la production et non un objectif en tant que tel.

Il faudrait certes nuancer ces constats, fondés sur bien trop peu d'exemples. Mais ils servent surtout ici à susciter une réflexion critique quant à l'usage des corpus dans l'enseignement de la compréhension de l'oral : ils nous semblent en effet bien mettre en évidence, d'une part, la difficulté à travailler celle-ci *en tant que telle* et, d'autre part, la nécessité d'expliciter plus clairement pourquoi on recourt à des corpus oraux. Dans cette perspective, et afin précisément de nuancer, on relèvera tout de même l'originalité du corpus *À la poste*, qui propose une approche résolument différente mettant en jeu les difficultés concrètes de compréhension des deux étudiantes, telles qu'elles-mêmes les ont vécues.

5. SYNTHÈSE DES ANALYSES ET PISTES DE RÉFLEXION

Les quelques constats que nous avons tenté d'établir à la suite de notre caractéri-sation de nos exemples de corpus (partie 3) et de leur exploitation didactique (partie 4) ne nous ont pas permis, pour l'heure du moins, d'observer des liens clairs entre ces deux composantes de notre problématique. Il apparait en effet qu'un document « authentique » peut être utilisé à des fins très diverses, dont certaines ne reposent finalement guère sur ce caractère authentique du document source (quand elles ne travaillent pas tout bonnement sur la version écrite du document !). À l'inverse, de Pietro (1997) avait tenté de montrer, à propos du genre « débat », qu'il est paradoxalement possible de « fabriquer » des documents authentiques permettant de travailler – en compréhension et en production – des aspects très diversifiés de la communication qui mettent concrètement en jeu et concernent directement l'oralité : connecteurs, expression interactive de l'accord ou du désaccord, etc.

Ainsi, il s'avère d'ores et déjà pour nous que ce n'est pas là un critère décisif permettant d'établir la validité d'un corpus. Nous y reviendrons dans la conclusion. Auparavant, nous allons reprendre quelques éléments de nos réflexions qui nous paraissent pertinents pour cerner cette notion de validité.

5. 1 Corpus, tâche, objectif : quelle adéquation ?

L'examen de ces corpus, s'il ne peut évidemment pas avoir valeur statis-tique, permet d'entrevoir la diversité souvent peu interrogée derrière le terme document sonore, qui recouvre des objets fort différents, et la diversité des objectifs visés dans les activités proposées. Dans une perspective didactique, seule une identification précise des caractéristiques des corpus et leur mise en relation aux objectifs visés et aux tâches proposées – sans oublier par ailleurs le contexte dans lequel a lieu cette mise en relation : contraintes matérielles, horaires, programmes, etc. – peut permettre de juger de l'adéquation d'un matériel sonore à un projet d'enseignement-apprentissage du français.

On ne dispose malheureusement pas pour la compréhension de l'oral de références didactiques aussi abondantes[15] que pour la compréhension de l'écrit – nous pensons notamment aux nombreuses publications de Giasson (2013). Les méthodologies pour la compréhension de l'oral restent relativement dispersées, souvent dans des ouvrages qui traitent de l'oral en général. On peut néanmoins esquisser un repérage critique des propositions didactiques de nos corpus à partir d'une diversité révélatrice des enjeux didactiques et méthodologiques sous-jacents.

Cette diversité touche les démarches, les objectifs, mais aussi, au sein du corpus comme objet langagier complexe, les objets partiels ou globaux visés et travaillés dans les tâches proposées.

---

15.   Mentionnons tout de même *La compréhension orale* de Claudette Cornaire (1998), petit ouvrage qui fait le point sur la question, mais sans proposer une méthodologie détaillée pour l'enseignement de la compréhension.

5. 2. La variété dans les tâches : entre réflexif et praxéologique

Le principe méthodologique dominant, surtout en FLE, sous-jacent aux démarches qui travaillent à partir de corpus oraux est de faire écouter la langue cible pour l'apprendre, pour en quelque sorte l'incorporer : son slogan est « apprendre en écoutant ». On sait en effet qu'une exposition soutenue à la langue cible est un facteur favorable à l'apprentissage. Ce principe est notamment à la base de toutes les approches dites immersives et repose sur la conviction que la langue va être progressivement intériorisée par imprégnation, mémorisation, imitation et régulation.

À l'autre extrême du spectre méthodologique, on trouve toutefois une méthodologie différente, fondée sur l'observation et l'explicitation et qui propose d'apprendre la langue en examinant comment elle fonctionne, en analysant les procédés communicatifs mis en œuvre. Cette seconde voie est clairement la plus représentée dans nos exemples. La volatilité de la langue parlée complique certes quelque peu cette approche – et explique en partie le recours systématique à l'écrit qu'on observe alors – mais elle se présente bel et bien comme une autre approche possible.

On peut donc dire que les différentes démarches se déclinent selon ces deux pôles : un pôle d'ordre résolument praxéologique et un pôle d'ordre réflexif. La perspective réflexive demande à l'apprenant de prendre conscience des formes langagières en jeu dans le corpus, c'est-à-dire de les entendre, de les repérer, d'en comprendre le sens et le fonctionnement. La deuxième perspective, praxéologique, doit conduire à une meilleure compétence de compréhension par le plus court chemin, c'est-à-dire par le recours à des techniques ou des stratégies d'écoute qui, toutefois, restent le plus souvent implicites.

Dans les exemples de nos corpus, on remarque donc une dominante des tâches réflexives, qui s'exprime dans les consignes : repérage de formes verbales (Corpus B et C), analyse d'obstacles et de méthodes (corpus E), etc. Des pratiques d'écoute consistant à extraire, puis généralement à reproduire, des éléments entendus et repérés sont mises en œuvre dans le corpus D, mais elles concernent surtout le contenu. Le matériel (C) est prévu pour le niveau A1, donc débutant, ce qui fait certainement argument pour proposer un texte très régulé selon une norme proche de la variété dite « standard ». Le corpus (B) propose explicitement une écoute *répétée*, qui constitue un geste élémentaire pour l'approche praxéologique.

5. 3. Entre compréhension et production, entre oral et écrit

Face à un texte oral, le travail d'enseignement-apprentissage devrait donner une place à la phase de compréhension en elle-même, à travers des activités qui concernent spécifiquement la compréhension et la manière dont la langue parlée véhicule le sens. On remarque, au contraire, qu'on glisse souvent vite à des tâches de production. Ce deuxième cas se rencontre en particulier lorsque le texte oral n'est que prétexte, déclencheur pour une discussion, et ne fait – excepté pour son contenu – l'objet d'aucun questionnement concernant les ressources linguistiques et communicatives en jeu.

Seules les activités sur le corpus (B) sont clairement axées sur la compréhension, par l'intermédiaire des vignettes, technique fréquemment utilisée dans les matériels de FLE. Les autres corpus ne proposent pas vraiment de techniques de compréhension et, une fois l'écoute réalisée, passent directement à des tâches de production ou d'identification grammaticale.

Le cas du corpus E est un peu différent : produit par les apprenantes elles-mêmes, il suggère de réécouter l'interaction à plusieurs reprises afin d'examiner les moments de compréhension réussie ou en échec et d'en identifier, avec l'aide de l'enseignant, les causes en termes de ressources langagières.

Le rôle joué par la transcription peut aussi conduire à convertir rapidement l'écoute en exercice de lecture. On manque dans ce cas le moment d'écoute qui ne fait pas l'objet d'un véritable apprentissage.

Dans le corpus D, « les petites bulles », les élèves prennent des notes sur ce qu'ils entendent pour réaliser une affiche explicative. Ces notes pourraient constituer un matériau de choix pour construire une activité focalisée sur la compréhension elle-même : par comparaison des notes entre les élèves, on pourrait par exemple dégager les passages du texte les plus difficiles à relever, donc à comprendre à l'oral[16].

6. DES PISTES POUR TRAVAILLER (VRAIMENT) LA COMPRÉHENSION DE L'ORAL

Si l'on s'interroge sur l'adéquation des choix didactiques qui constituent les corpus en support d'enseignement-apprentissage, il importe de viser à une cohérence entre ces trois éléments du scénario didactique : un (ou des) objectif(s) d'apprentissage, un corpus et les objets langagiers qu'il contient et une ou plusieurs tâches pour mettre en mouvement l'apprentissage.

Le premier **objectif** que devrait viser le recours à un corpus oral est celui de la compétence en compréhension de l'oral, cela relève presque d'une évidence et pourtant on s'aperçoit que le document oral n'est parfois qu'un marchepied qui mène à l'exercice de la compétence écrite ou à la production. La légitimité d'intégrer le document dans des tâches multiples mobilisant également des capacités en production écrite et orale n'est pas à mettre en cause. En revanche, on ne peut que déplorer l'absence de tâches visant spécifiquement l'acquisition ou le renforcement de la capacité de compréhension de la langue sous sa forme parlée.

Par voie de conséquence, la prosodie, les organisateurs textuels spécifiques à la langue parlée, les phatèmes, les aspects phonétiques (variantes, accents, etc.)[17], les procédés interactifs de prise de parole, de clarification et de remédiation sont rarement mentionnés comme **objets** d'attention et de repérage dans les

---

16. On pourrait concevoir des *cercles d'écoute* en s'inspirant du modèle des cercles de lecture tel qu'il est proposé dans *Les cercles de lecture* de Terwagne, Vanhulle et Lafontaine (2002).
17. Parfois, en FLE surtout, il s'agit de la simple perception auditive.

consignes des activités. Les objets travaillés sont plus souvent la grammaire, la morphologie – et, qui plus est, des aspects grammaticaux ou morphologiques qui ne sont pas particulièrement liés à l'oralité –, le contenu et le lexique. Pour tous ces objets, on peut dès lors se demander si l'utilisation d'un corpus écrit ne serait pas plus économique. Du reste le recours systématique à la transcription montre bien qu'un glissement s'opère rapidement vers des tâches fondées sur l'écrit.

Concernant les **tâches**, on constate qu'elles ne mettent pas souvent en jeu des aspects oraux de la communication. L'organisation du discours et de l'interaction, les ajustements et régulations qui leur sont propres, le débit et l'intonation constituent pourtant, pour l'auditeur apprenant, des difficultés dont il est possible de faire des objets de travail intégrés dans des tâches spécifiques. De même les malentendus, leur origine et leur impact sur l'issue de l'interaction, ne sont pas thématisés, à l'exception du corpus E.

Les différences entre langue écrite et parlée pourraient quant à elles faire l'objet d'activités de comparaison génératrices d'apprentissages. La transcription écrite d'un texte oral court, réalisée par les apprenants, et les difficultés que cela suppose pourraient faire l'objet d'une didactisation. De même l'examen de corpus électroniques d'oral scripturé – comme les textos et les *chats* – pourrait aussi servir de voie d'accès aux phénomènes d'oralité.

7. DES CORPUS POUR TRAVAILLER LA COMPRÉHENSION DE L'ORAL ?

En discutant et comparant les corpus que nous avions chacun.e apportés, nous – les trois auteurs du texte – avions plusieurs intentions : mieux comprendre en quoi pouvaient consister des corpus pour travailler la compréhension de l'oral dans nos champs de travail respectifs et comment ils pouvaient y être exploités, discuter les convergences et divergences éventuelles dans nos conceptions respectives et, tenter, ensemble, de réfléchir à ce qui devrait *didactiquement* constituer un « bon » corpus dans la perspective de l'enseignement et de l'apprentissage de la compréhension de l'oral en FLScol, FLS et FLE. De manière quelque peu optimiste, nous souhaitions également saisir ce qui pourrait ainsi définir la *validité didactique* de tels corpus : celle-ci réside-t-elle dans leurs conditions de production ? Dans leur « authenticité » ? Est-elle liée aux objets langagiers qu'ils permettent de travailler ? À la manière de les exploiter ?

Or, après avoir défini de manière plutôt large ce que nous voulions mettre dans cette notion, ce que nous avons découvert, c'est tout d'abord la grande diversité des corpus utilisés ici et là dans l'enseignement, que ce soit en FLE, en FLS ou en FLScol. En suivant notre peut-être trop large définition et en examinant des exemples réels, il nous a finalement semblé que toute production langagière – du texte littéraire lu au dialogue fabriqué et au récit spontané – pouvait être exploitée en tant que corpus.

Nous nous sommes alors tournés vers les conditions de production de ces corpus. Pour Holec, il importe dans l'usage d'un corpus de veiller à ce que ce qui est acquis par l'intermédiaire du corpus soit conforme à ce que l'on veut faire acquérir aux apprenant·e·s. Et, selon lui, le respect de cette règle serait « grandement facilit[é] lorsque l'ensemble *document/support* + *consignes* reproduit les conditions présentes des situations réelles de production » (Holec, 1990, p. 71). Autrement dit, l'*authenticité* pourrait constituer un premier gage de qualité, un premier critère de validité. Toutefois, nos exemples ne confirment guère une telle prise de position. Les conditions de production et l'authenticité, relative, du corpus *À la poste* – il a d'emblée été produit à des fins d'apprentissage – font précisément qu'il n'est guère possible d'anticiper quels seront les procédés et éléments langagiers qui devront être travaillés ensuite.

Certes, la première affirmation d'Holec pourrait constituer un critère de validité, mais il nous semble valoir surtout pour des corpus *fabriqués*, car il parait assez évident alors que ceux-ci, en tant que « réservoir d'exemples regroupés dans une optique précise » (*cf.* Wikipedia), doivent alors permettre aux apprenant·e·s d'acquérir le ou les phénomène(s) ou processus langagier(s) qui président au regroupement effectué. Cela peut être le cas pour le corpus C (*Dans la cité universitaire*), quand bien même celui-ci ne contient guère de marques significatives d'oralité et se rapproche davantage d'une langue « standard », ni parlée, ni écrite. Ce corpus DOIT permettre de travailler certaines formes verbales et la négation et il est destiné à des apprenant·e·s de niveau A1, donc débutants, ce qui fait certainement argument pour proposer un texte régulé selon une norme proche de la variété dite « standard ».

Dans le cours de nos réflexions, nous avons par conséquent abandonné les pistes qui auraient consisté à chercher des corrélations fortes entre certaines caractéristiques des corpus et leur validité. Nous avons préféré nous centrer davantage sur leur exploitation didactique – observée dans nos exemples ou envisagée lors de nos échanges.

Grosso modo, et en forçant quelque peu le trait, nous avons ainsi dégagé trois grandes tendances dans la conception même de corpus pour enseigner la langue : le *corpus fabriqué* visant à illustrer et à exercer des phénomènes langagiers clairement définis, le *document authentique* qui donne à voir – sans adaptation didactique – les usages effectifs, réels, de la langue et, enfin, moins fréquent, le *corpus produit par les apprenant·e·s*.

Chacun de ces types peut s'avérer utile, pertinent… pour autant que le corpus soit bien utilisé. Aussi, plus que des mauvais corpus, il y a de mauvais usages de corpus ! Et nous aboutissons ainsi à la (non-)conclusion qu'il n'y a pas de bons ou de mauvais corpus en soi, mais que leur *validité didactique* dépend des usages que l'on veut en faire et qu'on en fait.

Nous plaidons en fait pour une complémentarité des corpus. Cependant, si l'on souhaite offrir à l'apprenant·e une véritable diversité dans les types de discours – et donc dans les corpus – auxquels il ou elle va être exposé·e, il importe toutefois de disposer d'un repérage des caractéristiques qui balisent cette diversité et, par conséquent, d'analyser, un peu comme nous avons tenté de le faire, les candidats potentiels et leurs potentialités. Cela importe en particulier afin de clairement distinguer entre *compréhension orale* d'un texte oral (ou oralisé) – son contenu, sa structure – et *compréhension de l'oral*, de ce qui fait *la langue parlée* – les formes propres à l'oral, l'intonation, les stratégies interactives –, que le corpus soit présenté dans sa modalité orale ou dans une transcription écrite.

Pour élargir ce plaidoyer, comme le suggère notre corpus D, la **ressource de l'image** apporte un supplément d'informations qui vient pallier la perte d'épaisseur communicationnelle de l'oral enregistré. Pourquoi dès lors ne pas avoir recours au dialogue de film, qui apporte par l'image deux éléments utiles dans les processus de décodage : la situation de communication et le paraverbal. Le contexte de l'échange et la situation de communication sont rendus visibles et quasi transparents grâce à l'image. Ils permettent des activités de cadrage et d'anticipation qui situent l'interaction avant même de décoder les dialogues. Quant au paraverbal générateur de pluricodicité, il concerne la mimogestualité, riche en informations que l'on peut par exemple traiter par un visionnement muet du document préparant l'écoute.

La fabrication de corpus, comme notre corpus E, constitue une autre ouverture. Pour innover, il faudrait développer des enregistrements pour outiller le travail de la compréhension. On connait bien les pratiques d'interview réalisées par des élèves où l'on constate trop souvent que la progression des questions ne procède pas par écoute et compréhension des réponses, mais par une suite non intégrée dans l'interaction de questions préparées. Il s'agirait ainsi de remettre la compréhension au centre de l'apprentissage du fonctionnement dialogique.

De manière plus générale, faire travailler en différé les élèves sur un enregistrement qu'ils ont réalisé eux-mêmes – c'est-à-dire pour lequel leur motivation communicationnelle est vraisemblablement importante – est très productif. On rejoint là une **démarche de type actionnel**, qui permet d'impliquer l'apprenant dans le processus d'apprentissage en lui donnant le rôle de producteur, donc d'acteur, dans l'interaction et dans les apprentissages qui peuvent en découler.

Un dernier usage des corpus est suggéré par certaines activités présentes ponctuellement et qui concernent le travail sur les unités de bas niveau de la morphologie grammaticale. Généralement, ce travail est exercé sur des supports écrits. On pourrait tout à fait renouveler ce champ par **la pratique d'une grammaire par voie orale**. En effet, entendre et comprendre certaines oppositions morpho-phonologiques est un premier pas vers une conceptualisation du système et un apprentissage du fonctionnement de la langue. Par exemple, pour des élèves allophones, *entendre* l'opposition *le/lui* constitue en quelque sorte un préalable pour construire le système de rection des verbes de type *je le vois / je lui parle*.[18] Cette voie d'apprentissage par l'oral peut d'ailleurs aussi s'appliquer à des éléments de grammaire textuelle, à propos par exemple des formules de structuration d'un exposé oral (*Tout d'abord je voudrais…*, *Pour finir je…*).

Les corpus oraux constituent une belle défense et illustration pour une didactique de la langue parlée, conçue prioritairement comme une didactique de

---

18. Sans parler des variantes orales de ces pronoms : je l(e) vois, j'le vois, j'y parle…, qui constituent elles aussi de réelles difficultés dans l'apprentissage de la langue française.

l'écoute et de la compréhension, comme une tâche en soi et non subordonnée à une autre visée (comme la production ou le fonctionnement de la langue). Mais aussi, bien sûr, une tâche coordonnée, c'est-à-dire liée et articulée aux autres capacités selon les situations de communication et les intentions didactiques, car il ne s'agit en aucun cas de l'isoler et de la couper de la compétence langagière générale. Ainsi le recours régulier dans les pratiques de classe à une didactique des corpus oraux pourrait enfin donner tort à Gérard Vigner (2009, 52) – qui en serait à n'en pas douter très heureux :

> L'école d'aujourd'hui est toujours en difficulté pour s'engager dans la voie d'une pédagogie qui ferait de l'oral autre chose que le vecteur des apprentissages. On travaille oralement, pour grande partie, travaille-t-on l'oral ? Rien n'est moins sûr.

Jean-François DE PIETRO
Institut de Recherche et de Documentation pédagogique, Neuchâtel

Roxane GAGNON,
Haute École Pédagogique du canton de Vaud, Lausanne

Christian REHM,
Haute École pédagogique du canton de Vaud, Lausanne

RÉFÉRENCES BIBLIOGRAPHIQUES

ABE, D., CARTON, F., CEMBALO, S.M. et REGENT, O. 1979. « Didactique et authentique : du document à la pédagogie », *Mélanges Crapel*, 9, p. 1-14.

ALBER, J.-L. et DE PIETRO, J.-F. 1985. « Approche des phénomènes interculturels à travers l'étude de la conversation exolingue », dans C. Clanet (éd.), *L'interculturel en éducation et en sciences humaines*, vol. 2, Toulouse : Service des Publications, p. 509-518.

ALBER, J.-L. et PY, B. 1986. « Vers un modèle exolingue de la communication interculturelle : interparole, coopération et conversation », *Études de linguistique appliquée*, 61, p. 78-90.

BLANCHE-BENVENISTE, Cl. 2003. *Approches de la langue parlée en français*, Paris : Ophrys.

BRONCKART, J.-P. 1997. *Activités langagières, textes et discours*, Neuchâtel : Delachaux-Niestlé.

CIIP. 2010. *Plan études romand*, Neuchâtel : Conférence intercantonale de l'instruction publique (CIIP).

CORNAIRE, Cl. 1998. *La compréhension orale*, Paris : CLE International.

DE PIETRO, J.-F. 1997. « Fabriquer des documents authentiques... », *Babylonia*, 1, p. 16-18.

DE PIETRO, J.-F. 2001. « Le français : LANGUE maternelle ou langue première ? », *L'Éducateur*, 4, p. 6-8.

DOLZ, J. 2000. « De la difficulté de « couper avec la mère » chez les didacticiens du français : plaidoyer pour un changement de dénomination de la discipline », *Lettre de la DFLM*, 27, p. 29-31.

DOLZ, J., NOVERRAZ, M. et SCHNEUWLY, B. (dir.). 2001. *S'exprimer en français : séquences didactiques pour l'oral et pour l'écrit*, Bruxelles : De Boeck & Larcier (4 vol.).

GAGNON, R. et BENZITOUN, Ch. À paraitre en 2020. « Le français parlé comme objet d'enseignement ? Regards croisés d'un linguiste et d'une didacticienne », *Formation et pratiques d'enseignement en questions*.

GIASSON, J. 2008. *La compréhension en lecture*, Bruxelles : De Boeck.

GIASSON, J. 2013. *La lecture : de la théorie à la pratique*, Bruxelles : De Boeck.

GRICE, H.P. 1979. « Logique et conversation », *Communications*, 30 (1), p. 57-72.

HOLEC, H. 1990. « Des documents authentiques, pour quoi faire ? », *Mélanges Crapel*, 20, p. 65-74.

HYMES, D.H. 1984. *Vers la compétence de communication*, Paris : Hatier et Crédif.

LÜDI, G. 1994. « Dénomination médiate et bricolage lexical en situation exolingue », *AILE*, 3, p. 115-146.

PORQUIER, R. 1984. « Communication exolingue et apprentissage des langues », dans B. Py (dir.), *Acquisition d'une langue étrangère (II)*, Paris : Université Paris VIII ; Neuchâtel : Université de Neuchâtel, p. 17-47.

PY, B. 1991. « Bilinguisme, exolinguisme et acquisition », *TRANEL*, 17, p. 147-161.

RASTIER, F. 2004 (juin). « Enjeux épistémologiques de la linguistique de corpus », *Texto !* [en ligne]. Rubrique Dits et inédits. Disponible sur : <http://www.revue-texto.net/Inedits/Rastier/Rastier_Enjeux.html>. (Consultée le 4 novembre 2019).

SCTRICK, R. 2019. « CORPUS *linguistique* », *Encyclopædia Universalis*, http://www.universalis-edu.com/encyclopedie/corpus-linguistique/.

TERWAGNE, S., VANHULLE, S. et LAFONTAINE, A. 2002. *Les cercles de lecture*, Bruxelles : De Boeck-Duculot.

VIGNER, G. 2009. *Le français langue seconde*, Paris : Hachette.

Corpus utilisés

ALBER, J.-L. et DE PIETRO, J.-F. 1985. « Approche des phénomènes interculturels à travers l'étude de la conversation exolingue », dans C. Clanet (éd.), *L'interculturel en éducation et en sciences humaines*, vol. 2, Toulouse : Service des Publications, p. 509-518.

BORGOGNON, M. et COMMENT, S. 2015. Le monde des bactéries, *Les petites bulles* (RTSdeux), 24.11.2015, 10h23. http://www.rts.ch/play/tv/les-petites-bulles/video/le-monde-des-bacteries?id=7279905&startTime=0

BOURDIN, R. et al. 2010. *Mon manuel de français 7ᵉ : livre du maître*, Paris : Retz.

GUDULE. 2010. « Gueule d'amour », dans R. Bourdin et al., *Mon manuel de français 7ᵉ*, Paris : Retz.

MALANDAIN, J.-L. 1988. *60 voix-60 exercices*, Paris : Hachette.

MIQUEL, Cl. 2005. *La grammaire en dialogue (niveau débutant)*, Paris : CLE international.

DIDACTISER DES CORPUS DE DOCUMENTS AUTHENTIQUES POUR ENSEIGNER À INTERAGIR EN LANGUE ÉTRANGÈRE

Résumé : Interagir en langue étrangère est une tâche ardue : prendre la parole, parler, laisser la parole, écouter, comprendre, évaluer son interprétation, préparer sa réaction, prendre des risques sans perdre la face, reprendre la parole et la garder, etc. Cela nécessite le développement de compétences langagières, mais aussi cognitives, sociales et culturelles. Les recherches récentes en analyse des interactions et en didactique des langues ont clarifié la nature de ces compétences, et permettent aujourd'hui de concevoir comment utiliser les corpus d'interactions authentiques en classe. Dans cet article, nous posons des objectifs pédagogiques concrets pour « savoir interagir », présentons quatre plateformes qui offrent du matériel pédagogique adapté, et proposons des modalités qui permettent de travailler ces compétences avec ce matériel.

Cet article est l'occasion d'apporter des éléments utiles aux enseignants pour aider les apprenants à développer leur compétence d'interaction à l'oral. Nous ne parlons pas ici de méthodes pour « apprendre en interagissant », mais bien de moyens pour « apprendre à interagir » (Oursel 2013). On constate en effet que des représentations erronées au sujet de l'acquisition de la compétence d'interaction ont pu miner les recherches sur le sujet. Par exemple, on a pensé que la compétence à interagir ne nécessitait pas d'enseignement spécifique, qu'une immersion pouvait suffire (alors que les éléments de la compétence ainsi acquis sont très incomplets, Kasper & Rose 2002, et qu'un enseignement en classe peut être très bénéfique, Young 2009), on a pensé que les activités en interaction dans la classe suffiraient (alors que les bénéfices de ces pratiques restent partiels et qu'une analyse de transcriptions d'interactions naturelles peut utilement les compléter, Wong 2000, Crandall & Basturkmen 2004, Yagi 2007), on a pensé que tout l'apprentissage de cette compétence reposait sur l'apprenant (alors que son interlocuteur a également besoin d'apprendre à s'adapter à lui et à lui donner l'espace – sécurisant – et une bonne raison – ancrage dans une action située – pour intervenir et apprendre, Young & Miller 2004). Par ailleurs, jusqu'à très récemment, les études en analyse des interactions avaient très peu impacté les recherches en didactique des langues sur le développement de cette compétence (Bouchard 1995, Manoilov & Oursel, 2019). En acquisition des langues, Pekarek-Doehler faisait d'ailleurs le même constat.

Dans les faits, l'interaction ne constitue un objectif pédagogique que depuis quelques années et pour une poignée d'enseignants et de chercheurs pionniers.

Afin de guider les enseignants volontaires dans une démarche qui irait en ce sens, cet article met en dialogue la linguistique de corpus, l'analyse des interactions et la didactique des langues : nous y mettons en regard les travaux d'Aix-en-Provence (Blanche-Benveniste 2000), ceux du projet Interphonologie du Français Contemporain (Detey *et al.* 2010), ceux d'ICAR (Kerbrat-Orecchioni 1990, Ravazzolo, Traverso, Jouin-Chardon et Vigner 2015 et Traverso 2016), ceux de Genève (Roulet *et al.* 1985), Pekarek Doehler (dont 2000), Manoilov (2016), les nôtres (2013, 2018) entre autres. Ce dialogue a permis de répertorier les compétences que les apprenants de langue étrangère ont besoin de développer pour maitriser leur participation à l'interaction ; de créer quatre plateformes offrant du matériel authentique oral en français et pour certains des moyens didactiques ; et d'envisager aujourd'hui des modalités d'utilisation de ces plateformes adaptées aux objectifs pédagogiques.

1. DÉVELOPPER DES COMPÉTENCES

Interagir à l'oral dans une langue étrangère présente de nombreux défis. Nos analyses de la gestion de l'intercompréhension nous ont permis d'envisager cinq grands domaines de compétences à développer : la « situ-ation » du discours, la production orale, la compréhension de l'oral, la collaboration et le langage corporel et verbal (le langage verbal consistant en partie en des savoirs linguistiques). À travers ces cinq domaines de compétences, l'apprenant travaille différentes intelligences (Gardner 1983) et différents types de savoirs. La formation est donc globale.

1. 1. La situ-ation du discours dans l'activité et dans la situation

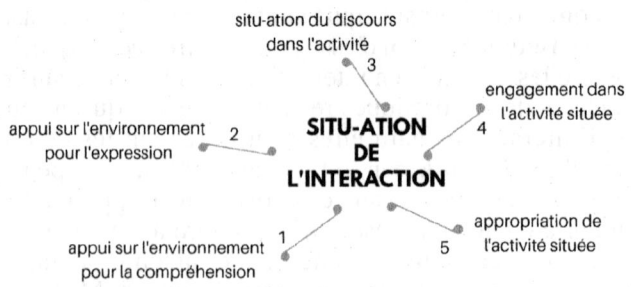

L'interaction est toujours ancrée, ou située dans un contexte : elle émerge dans le cadre d'une activité, entre deux personnes qui ont une relation en dehors des mots qu'ils échangent, en un temps et en un lieu donnés. C'est cet ancrage que nous désignons par « situ-ation » de l'interaction[1]. L'apprenant a besoin de concevoir l'activité dans laquelle l'interaction se situe, que ce soit pour entrer dans la compréhension de l'interaction ou pour y participer, dans un jeu de rôle ou dans une tâche actionnelle par exemple.

Ainsi, l'apprenant peut s'appuyer sur l'environnement pour comprendre (détecter, analyser, donner un sens et utiliser les indices présents dans l'environnement et dans l'activité où l'interaction est située, ces indices facilitant la construction d'hypothèses avant l'écoute et l'étayage des hypothèses de sens après l'écoute, 1) et pour produire (en recourant aux déictiques ou au pointage par exemple, 2). Situer l'interaction, c'est aussi la construire en cohérence avec l'activité en cours de réalisation : en étude de document, on peut observer la cohésion entre le discours et l'activité ; en tâche actionnelle ou en jeu de rôle, on peut insister sur l'activité et sur l'importance de situer son discours (3). Dans ces derniers cas, l'engagement dans l'activité est crucial : en étant mentalement ancré dans l'activité, c'est elle qui va orienter la marche de l'interaction (4). Si l'interactant a l'esprit ailleurs, il se désengage de l'activité. L'interaction devient flottante et la communication se rompt. Enfin, la façon de mener l'activité doit laisser à l'interactant une certaine marge de manœuvre, sans laquelle il se désengage : il a besoin de pouvoir se l'approprier, c'est-à-dire en comprendre les enjeux et le cadre pour la réaliser à sa manière, selon sa personnalité (5).

Cette situ-ation de l'interaction est valable tant en production qu'en compréhension.

1. 2. La production orale en interaction

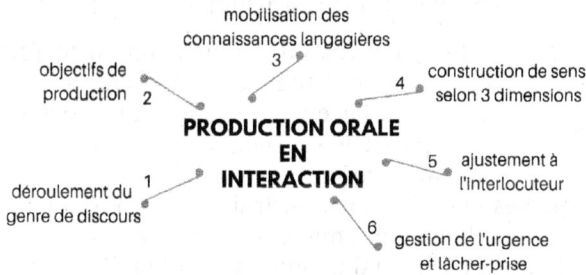

La production nécessite de savoir gérer le déroulement des genres de discours déployés (ouvrir une interaction, participer à la co-construction d'un échange ou d'une transaction (Roulet *et al.*, *op. cit.*), ouvrir et mener des séquences

---

1.   À distinguer donc de la situation de l'interaction (la situ-ation est à la situation ce que la contextualisation est au contexte).

latérales – d'étayage ou de bavardage –, et participer à la clôture de l'interaction, en respectant les attentes du genre, 1) mais aussi d'utiliser ce genre de discours selon un objectif de production clair (2) : quelles sont les intentions du locuteur, et quel acte de langage met-il en œuvre ? Corrélativement, quelle orientation va-t-il donner à l'interaction, quelle importance va-t-il accorder à la qualité de l'intercompréhension par rapport à la fluidité de la progression thématique, quelle valeur va-t-il accorder à sa face par rapport à celle de son interlocuteur et comment va-t-il manœuvrer pour atteindre ses objectifs actionnels et ses objectifs relationnels ?

De plus, le producteur a besoin de mobiliser ses répertoires linguistiques et corporels (3, cf. § 1.5.). Ces répertoires construisent, en mots et en gestes, des potentiels de sens. Dans l'interaction, nous envisageons ce potentiel de sens comme tridimensionnel (Oursel 2013, 2018), avec une dimension situante, une dimension structurante et une dimension relationnelle (4). La première concerne la situation dont il est question dans la production, et la situation d'énonciation si elle est impactée par la production (ce à quoi il est fait référence). La deuxième concerne la structure de l'interaction et du tour de parole du locuteur, il s'agit de l'auto-dialogisme à l'œuvre (Bres et Nowakowska 2005), et des options de paires adjacentes (Sacks, Schegloff, Jefferson 1974) offertes à l'interlocuteur (la direction que le locuteur a prise, et celle qu'il impulse pour la suite). La troisième concerne la relation entre le locuteur et l'interlocuteur, la gestion des images et des faces (Goffman 1959 [1969]). Ces trois dimensions du sens sont prises en compte à la fois dans la construction et dans l'interprétation de la production verbale.

L'objectif principal du producteur est que ses objectifs pragmatique et relationnel soient atteints. Pour cela, son interlocuteur doit parvenir à construire une hypothèse de sens aussi proche que possible de la sienne. Le producteur a aussi pour responsabilité de lui soumettre un *input* accessible, et d'ajuster cet *input* en fonction des retours rétroactifs (—> 1.3., point 6.) : reprises, reformulations, changement de débit, restructurations de l'interaction, etc. (5).

D'un point de vue temporel et cognitif, enfin, le producteur doit déployer tous ces savoirs et savoir-faire dans l'urgence de l'interaction en direct avec un autre humain, doté d'une patience certaine, mais limitée aussi. Il lui faut donc gérer le stress généré par cette urgence. Étant donné les conditions (le répertoire langagier, la charge cognitive de la production et la gestion du stress) dans lesquelles le producteur construit son propos, il ne peut pas être d'une qualité égale en langue étrangère à ce qu'il aurait réalisé en langue maternelle : l'alloglotte a besoin d'apprendre à lâcher prise et à réajuster ses attentes vis-à-vis de ses performances (6).

La production n'est pas totalement dissociée de la compréhension, c'est pourquoi certains points de l'un sont le revers de points de l'autre. Mais certaines compétences y sont spécifiques.

1. 3. La compréhension de l'oral en interaction

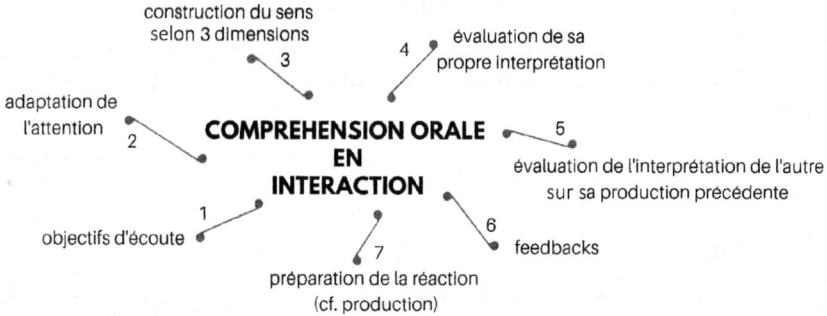

construction du sens
selon 3 dimensions
3
4
évaluation de sa
propre interprétation

adaptation de
l'attention
2

**COMPREHENSION ORALE
EN
INTERACTION**

5

évaluation de l'interprétation de l'autre
sur sa production précédente

objectifs d'écoute
1

6
feedbacks

7
préparation de la réaction
(cf. production)

La compréhension en interaction n'est pas une activité solitaire, car le producteur est attentif aux feedbacks de l'interlocuteur et s'y ajuste en permanence, et l'interlocuteur a les moyens de négocier l'*input* et le sens si besoin. Il peut aussi, plus globalement, se préparer à l'interaction et se renseigner par anticipation s'il le faut (1) : il fait le point sur ses attentes par rapport à la situation de communication et sur sa capacité à anticiper, il comble les lacunes qu'il a détectées le cas échéant, il identifie son projet d'écoute (Carette 2001) et ajuste l'attention (sélective, globale, analytique ou de veille) en fonction. Il optimise son projet en fonction de la quantité d'exposition dont il va pouvoir bénéficier. Afin d'utiliser son énergie cognitive efficacement, il adapte son projet d'écoute et ajuste le type d'attention à court terme, au fur et à mesure du déroulement de l'activité (2). Il cherche les indices qui l'orientent vers les informations-clés, et se concentre sur elles.

Avant de réagir, il construit une interprétation hypothétique sur ce que le producteur a pu vouloir exprimer. Cette interprétation hypothétique est tridimensionnelle, tout comme la construction du producteur : situante, structurante et relationnelle (3, correspondant —> 1.2., point 4.). Il évalue sa satisfaction vis-à-vis de son hypothèse interprétative (4), au regard du projet d'écoute (a-t-il trouvé et compris les informations qu'il cherchait à comprendre ?) et au regard des trois dimensions du sens. La satisfaction est-elle suffisante pour réagir ? S'il y a des problèmes, quelle est leur nature, quelle est leur importance, y a-t-il besoin de les résoudre, et si oui, comment ? En langue étrangère, l'interlocuteur apprend à se satisfaire du vague et à lâcher prise par rapport à l'exigence dont il peut faire preuve en langue maternelle vis-à-vis de la qualité de son hypothèse interprétative.

Par ailleurs, s'il a parlé avant d'écouter, il est l'énonciateur d'une première production (P-1) : à travers la production de l'autre, il a également repéré les indices qui transparaissent au sujet de l'hypothèse interprétative (HI) que l'autre a construite pour donner du sens à sa production précédente (HI P-1). Il évalue sa satisfaction vis-à-vis de la compatibilité entre son HI P-1 personnelle et l'hypothèse qu'il construit au sujet de l'HI P-1 de l'autre, et décide s'il est utile ou nécessaire de revenir sur cette construction de sens (5).

Régulièrement, il envoie des indices mimogestuels au locuteur pour l'informer qu'il suit ou qu'il a besoin d'aide et pour le rassurer sur l'intérêt qu'il porte à la communication en cours[2] (6).

En fin de tour, il se prépare à prendre la parole et revient aux tâches du producteur en construisant son projet de production (7, en lien avec le point 2 du 1.2.).

Cependant, interagir, ce n'est pas tantôt être locuteur, tantôt être interlocuteur. La co-construction est permanente.

1. 4. La collaboration et la co-construction de l'interaction

Certains points que nous avons abordés précédemment relèvent de la collaboration et de la co-construction de l'interaction (1, 4, 6). D'autres s'y ajoutent.

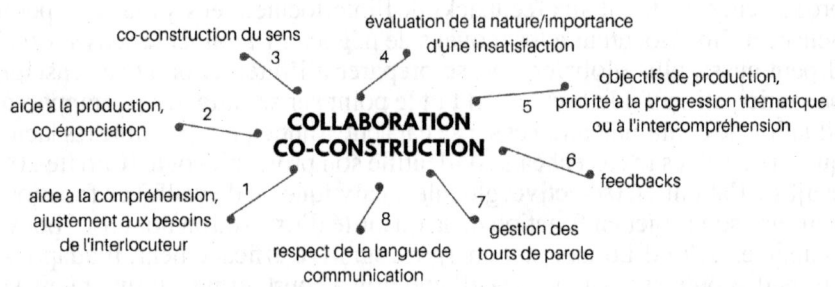

La réussite de la co-construction du sens demande un certain degré d'intersubjectivité : les interactants sont mentalement tournés l'un vers l'autre, ils s'écoutent avec ouverture, acceptent la possibilité de négociation, sont force de propositions et de demandes constructives (3). Il s'agit d'un état d'esprit sans lequel la communication est en péril et peut se transformer en dialogue de sourds. L'interlocuteur négocie l'*input* pour aider le locuteur à s'ajuster à ses besoins. Ainsi, celui qui repère un problème dans la communication est responsable de le mettre en lumière et d'ouvrir une négociation, ou de passer outre et de poursuivre l'interaction (5). Si le choix effectué valorise l'intercompréhension, l'initiateur de la négociation agit de manière constructive et facilitante : il ouvre un échange subordonné qui enclenche la résolution, et exprime la nature de son insatisfaction (insatisfaction globale, incertitude, besoin d'information complémentaire, ou reformulation de sa production si le problème porte sur elle —> 1.2., point 6.). Il est aussi précis et constructif que possible pour orienter le locuteur dans sa production (2). Parfois aussi, l'interlocuteur est tellement en phase avec le producteur (—> 1.4., point 3.) qu'il parvient à l'aider dans l'énonciation de son idée, en proposant des mots, une fin de phrase, une reformulation en coénonciation, etc. (2).

---

2.   Il ne s'agit pas de feedbacks pédagogiques mais de feedbacks dans l'interaction, de type « mhm », « ah ? ».

Dans la gestion des phases de transition entre tours, des indices posturomi-mogestuels, vocaux, paraverbaux et verbaux sont utilisés pour montrer que l'on veut prendre la parole, garder ou rendre la parole (7). La maitrise de ces indices fluidifie l'interaction et permet de manifester son intention de parler tout en se donnant un peu de temps pour construire sa production. Les apprenants peuvent également apprendre à interpréter les silences et à gérer les chevauchements.

Enfin, notons que dans une interaction naturelle en situation exolingue, les interactants optent spontanément pour une langue commune. Dans le contexte de la salle de classe, les apprenants ne communiquent pas que pour interagir et pour réaliser une activité didactique, mais aussi pour développer leurs compétences langagières entre autres. Une attitude incitative de la part de l'enseignante et entre pairs peut les aider à employer la langue cible autant que possible et à rester éloignés de la langue « de facilité » (8).

L'ensemble de ces domaines de compétences ne peut être mis en œuvre sans le recours au répertoire verbal et gestuel de l'apprenant/interactant.

1. 5. La langue et le corps à l'oral

Les apprenants ont besoin de développer des compétences linguistiques et corporelles spécifiques au canal oral et à la modalité de l'interaction en face à face. Ils peuvent être conduits à travailler tous les niveaux de la communication :

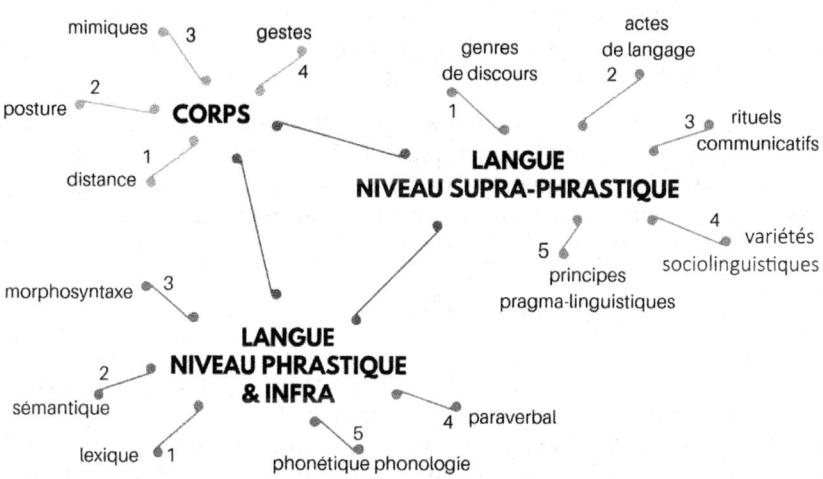

Corps

Communiquer en interaction implique d'adopter des distances physiques socialement acceptées entre bustes et entre corps (contacts) selon les situations, les relations et les cultures (1), mais aussi de savoir maitriser sa posture (2) selon les situations, les intentions de communication, et les sexes, et d'adapter ses mimiques (3) à ses intentions (de prise de parole par exemple), à son ton, à sa personnalité, etc.

Les gestes co-verbaux (4) participent à la construction du message avec le verbal et sont autant d'indices à prendre en considération dans la construction du sens. Les gestes iconiques représentent des réalités concrètes (la distance entre les doigts écartés montre la taille d'un petit objet). Les gestes symboliques donnent forme à des concepts (les mains parallèles à la verticale descendant pour la rigidité). Les déictiques pointent vers l'environnement présent ou vers un espace conceptuel ou fictif. Les battements rythment le discours (une main fait le moulinet). À ces gestes co-verbaux s'ajoutent les emblèmes, des gestes culturels conventionnalisés.

Langue, niveau supra-phrastique

Au niveau supra-phrastique, les interactants coconstruisent la mise en œuvre du genre et du type de discours (1) : ils organisent le discours et appliquent leurs caractéristiques à l'oral (par exemple, une adhésion à un club se structure autour d'un apport d'informations au sujet du contrat d'adhésion, du représentant du club vers le demandeur, puis un apport d'informations dans le sens inverse au sujet du futur adhérant, puis la remise des documents contractuels et du paiement, puis la vérification desdits documents et paiement, puis la clôture). Ils mettent en mots des actes de langage (2), de manière conventionnelle ou moins conventionnelle, implicite ou explicite, et suivent des rituels discursifs (3, la réponse au démarchage téléphonique, la proposition d'un article supplémentaire dans les commerces grâce à « avec ceci ? », la formule « à tes souhaits », etc.). Ils utilisent et comprennent différentes variétés idiolectales et sociolinguistiques (4, les pratiques phonologiques, le « trop » synonyme de « très », les « je lui fais » ou « elle me fait » pour le discours rapporté, « on », la négation simple en « pas », « plus », « personne », les expressions locales, etc.).

Enfin, dans la production comme dans l'interprétation, on applique les règles et principes pragmalinguistiques : le principe de coopération et les 4 maximes, de qualité, de quantité, de pertinence et de manière (Grice 1975 [1989]), le principe de politesse, les formulations conventionnelles des actes de langage dans leur sens conventionnel, etc.

Langue, niveau phrastique et infra

Aux niveaux phrastique et infraphrastique, outre les connaissances lexicales et morphosyntaxiques applicables à l'oral comme à l'écrit, certaines spécificités peuvent être apprises. Ainsi, pour le lexique (1), les marqueurs discursifs permettent d'identifier la structure globale d'un tour de parole (« alors », « donc du coup »), les reprises (« enfin »), les mots de gestion de la fonction phatique (« tu vois », « écoute »), entre autres, les expressions qui fluidifient la communication directe (« sérieux ? », « ah bon ? », « okay, d'accord », « dis donc »), ou qui permettent d'ouvrir un tour de parole (« ben », « oui », « parce que », etc.) ou de le clore (« voilà », « quoi »). Au niveau sémantique, certains mots ou expressions prennent un sens différent à l'oral et à l'écrit (2, comme « en effet » synonyme de « oui », « parce que » en ouverture d'un tour de parole non argumentatif, « ouais ouais non ben ouais » et assimilés, ou encore « comme » catégorisant – « et comme boisson vous prendrez quoi ? »), et les valeurs des conjugaisons spécifiques à l'oral (« dis, je voulais te demander »). Des phénomènes peuvent impacter la structure morphosyntaxique des productions (3, par exemple, l'impact de l'assimilation qui transforme « je ne suis pas » en /ʃypa/), d'autres sont inhérents à la construction du discours (dislocations, interruptions et reprises, « euh », topicalisations, etc.).

Au niveau prosodique, il est important de savoir repérer et manipuler les mouvements mélodiques propres à la langue cible, ainsi que de connaitre les valeurs sémantiques qui leur correspondent dans la communauté linguistique (4).

Enfin, au niveau phonétique (5), les interactants ont besoin de pouvoir produire les phonèmes de la langue cible (ou au moins des phonèmes approchants), et de reconnaitre les pratiques phonétiques et phonologiques dialectales, chronolectales, sociolectales, sexolectales et idiolectales (liaisons, chutes ou présences vocaliques, assimilations, le cas échéant).

L'exploration de ces cinq grands domaines montre la quantité, la variété et l'égale importance des savoirs, savoir-faire et savoir-être requis pour interagir en langue étrangère avec aisance et compétence. Les objectifs pédagogiques étant établis, les enseignants ont besoin d'outils pour aider les apprenants à les atteindre. La section suivante présente les quatre premières plateformes pédagogiques pour le FLE.

2. LES SUPPORTS EN LIBRE ACCÈS

Pour le FLE, quatre plateformes pédagogiques en appui à l'enseignement et à l'apprentissage de l'oral sont maintenant accessibles en ligne.

Phonologie du Français Contemporain – Enseignement du Français (PFC-EF) est le résultat d'un projet de recherche appliquée pour la diffusion du français parlé dans l'espace francophone (Detey, Durand, Laks, Lyche 2010) fondé sur un corpus constitué lors du projet PFC. La plateforme offre quatre rubriques principales. LE FRANÇAIS ILLUSTRÉ propose une carte du monde qui permet d'écouter des locuteurs en fonction de leur localisation, en lecture et en conversation. LE FRANÇAIS EXPLIQUÉ contient trois sections techniques, une sur la liaison, une sur le e caduc et une sur la prononciation du français. LES RESSOURCES LINGUISTIQUES ouvrent l'accès à des extraits de corpus classés thématiquement, ou à toute la base de corpus grâce à un moteur de recherche de type concordancier. LES RESSOURCES DIDACTIQUES contiennent des fiches pédagogiques qui illustrent comment on peut traiter un extrait, des séquences didactiques qui ciblent un objectif pédagogique, et des saynètes multimédias composées dans une approche fonctionnelle et produites en quatre variétés de français.

La plateforme Français Langue Orale pour le FLE (**Florale**) est une ressource qui vise à ce que les apprenants dès le niveau A2 acquièrent une représentation de l'oral qui s'approche autant que possible de la réalité des pratiques des locuteurs natifs. Elle répertorie environ 160 phénomènes propres à l'oral et les illustre d'extraits authentiques issus d'enregistrements d'émissions radiophoniques (Surcouf et Ausoni 2018). Dans LA RECHERCHE SIMPLE, les quatre branches sont la Prononciation, les Structures de phrases, les Outils de la conversation et les Mots et expressions, et dans chaque branche, l'utilisateur trouve des questions telles que « Comment sont prononcés les pronoms **je, tu, il(s)**, et des fois **elle(s)** ? », leurs réponses, et un exemple sonore. Une loupe permet d'accéder à tous les extraits contenant le même phénomène. LA RECHERCHE AVANCÉE permet d'accéder à des ensembles d'extraits ou à des corpus selon trois critères au choix : la recherche par phénomène de l'oral, avec la liste des phénomènes étiquetés, la recherche par émission, et la recherche par mot.

Corpus de Langues Parlées en Interaction – Français Langue Étrangère (CLAPI-FLE) offre un ensemble de ressources pédagogiques authentiques permettant d'exploiter des extraits de la plateforme CLAPI, issus de situations de communication variées (Étienne, Jouin-Chardon, Traverso *et al.*). Elle est organisée en trois espaces principaux. LES EXTRAITS donne accès à l'ensemble du corpus d'interactions naturelles, documenté et pédagogisé. LES COLLECTIONS organise l'ensemble des extraits afin d'illustrer des spécificités de l'oral (par exemple « Le truc c'est (que) » ou « c'est vrai (que) »). LES FICHES EXPLICATIVES offre des « mini-cours » centrés sur certains marqueurs et moyens pragmatiques (« trop » ou le remerciement entre autres). Ces fiches contiennent une typologie des éléments étudiés, des explications et des références bibliographiques, les caractéristiques sur le plan du lexique, des marqueurs de l'oral, du registre, de la prosodie, de la multimodalité et de l'interculturalité, et une série d'extraits expliqués illustrant chaque cas.

La plateforme Français Langue Étrangère Universitaire – Ressources et Outils Numériques (FLEURON) est destinée aux étudiants étrangers qui souhaiteraient se préparer à effectuer un séjour universitaire en France (André, 2016). Elle met à disposition des ressources authentiques multimédias et une liste de liens vers les sites internet d'organismes utiles pour des étudiants en mobilité entrante. Les ressources peuvent être explorées grâce à un concordancier, mais la navigation principale est organisée par thèmes : « Démarches administratives », « Aides sociales », « Questions pédagogiques », « Témoignages », « Utiliser les transports », etc. À l'intérieur de chaque thème, l'étudiant trouve un grand nombre d'enregistrements vidéo, sous-titres en option.

Ces plateformes présentent un intérêt pédagogique irremplaçable, notamment parce que tous les extraits de documents authentiques sont transcrits et accessibles en version audio ou vidéo, parce que les extraits sont organisés en fonction d'objectifs pédagogiques liés aux spécificités de l'oral et de l'oral en interaction, et parce que des fiches pédagogiques ont été réalisées afin de faciliter le travail de mise en œuvre des objectifs et de préparation des cours. Les enseignants ont ainsi à la fois des objectifs pédagogiques clairs, des ressources et du matériel adapté. Il reste à voir quels types de tâches et d'activités ils peuvent mettre en place pour aider les apprenants à atteindre ces objectifs.

3. TECHNIQUES DE CLASSE

Apprendre à interagir à l'oral requiert de développer de nombreuses compétences. Leur acquisition peut passer par les étapes d'Exposition-Conceptualisation, Entrainement, Pratique libre. Ces étapes peuvent avoir lieu en mode collectif, individuel, en petits groupes ou en binômes. Là encore, la modalité de l'apprentissage ne doit pas être confondue avec l'objectif pédagogique (apprendre la langue en interaction *vs* apprendre à interagir en langue étrangère). Nous présentons ici diverses modalités, techniques et options de travail sur des documents authentiques d'interactions orales, tels que ceux que l'on trouve sur les plateformes présentées ci-dessus. Chaque plateforme offre des ressources qui sont plus propices à certaines techniques ou à certains objectifs. Leur exploration permettra à l'enseignant de faire ses choix.

3. 1. Exposition unique ou multiple

L'enseignant peut prévoir une exposition unique ou multiple au document. Dans le premier cas, les apprenants ont besoin d'être prévenus qu'ils n'écouteront/ne verront le document qu'une fois. Il vaut mieux alors contextualiser le document (cf. 3.3.) et donner les moyens aux apprenants de se préparer (cf. *infra*). Il est également possible de proposer une exposition unique d'un ensemble de documents, ce qui offre de multiples occurrences, contextes ou variations. Cette technique permet de travailler :

la gestion du stress de la seule chance ; le lâcher-prise (se satisfaire du vague, de l'incomplet) ; l'incitation à préparer son projet d'écoute ; l'incitation à recourir à un type d'attention efficace ; la préparation à la communication en situation non pédagogique ; l'entrainement ou la pratique libre.

Dans le second cas, chaque exposition a son utilité : soit chacune permet de progresser dans la tâche, soit chacune permet d'entrer dans le détail ou dans la précision. Lorsque plusieurs expositions sont réalisées, la première peut être monomodale : soit audio soit vidéo, afin d'entrainer les apprenants à repérer et à exploiter l'ensemble des indices offerts par la modalité. Ces expositions multiples à un même *input* permettent :

l'augmentation de l'exposition à un même signal ; le travail en compréhension analytique ; le travail de découverte et de repérage, qui peut être orienté vers le décryptage des pratiques corporelles, discursives, sociolinguistiques et linguistiques, et de la situ-ation de l'activité.

3. 2. Découverte préparée ou non préparée

La découverte du document peut être préparée ou non préparée. À ce stade, il faut distinguer la situation du document, la situation des interactants et la situation dont il est question dans les propos. Par exemple, la situation du bulletin météorologique est « un document audio ou vidéo diffusé à telle heure sur tel canal sur telle chaine, vu ou entendu par des téléspectateurs ou par des auditeurs » ; la situation de la personne qui présente le bulletin est « une personne dont le métier est météorologue, qui délivre le résultat de ses analyses » ; la situation dont elle parle est « les conditions météorologiques du jour et du lendemain, éventuellement la qualité de la neige ou l'indice d'UV ». Il y a donc trois niveaux de préparation possibles. Si la découverte du document est préparée, l'enseignant peut pour chaque niveau répondre aux questions qui, quoi, où, quand, et pour quelles raisons (le pourquoi), et pour la situation des interactants réfléchir avec les apprenants sur les objectifs (le pour quoi faire), sur le genre de discours attendu, sur le script et sur le plan de l'interaction qui vient. Si le thème abordé dans les propos est connu avant d'entrer dans le document (par exemple un débat politique intitulé « La crise du logement »), il peut également faire le point avec les apprenants sur ce qu'ils savent, et les inviter à effectuer des recherches. En effet, si certaines informations manquent aux apprenants pour aborder le document, ils peuvent se renseigner. À terme, ils pourront même anticiper la préparation et demander eux-mêmes à l'enseignant les informations qu'ils jugent utiles pour entrer dans l'interaction. Cela entraine :

la mobilisation des représentations ; la mobilisation des attentes ; l'évaluation des attentes ; la gestion des lacunes,

et cela permet l'entrée dans le contenu en compréhension de l'oral dès le début de l'écoute, au lieu de chercher d'abord des indices qui permettraient de répondre à ces questions de contexte. Cette étape est donc importante pour les tâches avec exposition unique.

L'exposition non préparée implique que l'enseignant ne donne aucune information préalable et qu'il en informe les apprenants. Une partie de l'exposition va servir à repérer les indices de contextualisation et ensuite seulement, les apprenants entreront dans la compréhension à proprement parler du contenu. On peut alors prévoir, en exposition unique, l'écoute d'un extrait qui débutera avant le passage à étudier, et dont l'*incipit* servira à ce repérage, ou en expositions multiples une écoute visant à répondre à ces questions de contexte. En communication non pédagogique, il arrive très rarement d'être coupé du contexte lorsque l'on entre dans une interaction. Le choix de l'exposition non préparée répond donc à des besoins très rares et spécifiques. Il permet d'apprendre à :

gérer l'entrée *in media res* ; gérer la surprise ; repérer les indices de contextualisation (attention sélective) et à leur donner un sens (compréhension globale).

3. 3. Avec ou sans contextualisation

L'exposition peut être intégrée dans une tâche contextualisée ou dans une activité ou un exercice non contextualisé ou non intégré. Lorsqu'il s'agit d'une tâche contextualisée, l'enseignant explique aux apprenants l'objectif réaliste de la tâche. Cet objectif est pratique, communicatif et/ou actionnel, il n'est pas nécessairement langagier (il peut s'agir de choisir une image – de vêtement à porter selon le bulletin météo –, de prendre une décision, de réagir d'une manière ou d'une autre – à l'écoute d'une discussion entre un malade et un pharmacien, d'indiquer sur un graphique matin/midi/soir/coucher quand prendre un médicament). L'objectif réaliste est différent des objectifs pédagogiques, qui restent le plus souvent cachés à l'apprenant (même s'il est guidé dans leur réalisation). Grâce à cette modalité d'entrée dans le document, les apprenants peuvent atteindre les objectifs pédagogiques de :

penser son objectif d'écoute ; décider d'un type d'attention à appliquer ; s'entrainer à appliquer chacun des types d'attention selon les objectifs d'écoute et les documents ; s'appuyer sur l'environnement pour la compréhension ; s'approprier et s'engager dans l'activité ; éventuellement penser les intentions et les objectifs des interactants dans le document ; si l'activité implique de la production verbale, situer son activité et son discours et recourir à l'environnement si besoin.

L'intégration dans une activité non contextualisée implique l'existence d'une consigne claire, mais l'activité n'est pas actionnelle, ni communicative. Il peut s'agir par exemple de repérer des stratégies et d'en noter les formulations dans un tableau, ou de barrer sur une transcription tous les mots ou sons qui ne sont pas prononcés, etc. Cela permet de mettre en œuvre :

une attention analytique ou sélective ; un abord orienté du document ; la conceptualisation d'un item langagier précis grâce à un repérage.

L'enseignant qui expose un document sans l'intégrer à une tâche, activité ou exercice ne donne aucune consigne, laissant l'apprenant libre et responsable de l'approche, de la relation au document et de l'interprétation : toutes les réactions qui font suite à cette exposition sont valables, comme le sont les réactions à une œuvre d'art. La motivation des apprenants peut être faible si un contrat didactique clair n'est pas posé, tout comme l'implication dans l'appropriation du document. Cela permet cependant à l'apprenant d'apprendre à :

gérer le vague et l'incertitude ; se satisfaire d'une compréhension incomplète ; aborder une situation sans pression, sans critère de réussite ou d'échec.

3. 4. Modalité solitaire ou collective

La découverte et le traitement du document peuvent être solitaires ou collectifs. Dans le premier cas, les apprenants travaillent en modalité individuelle d'abord ou seulement. Dans le second, la tâche ou l'activité est réalisée à plusieurs : l'enseignant peut conduire les apprenants à négocier ensemble le sens (ou l'une des dimensions du sens) et à choisir une réaction, il peut leur laisser un temps de concertation (en petits groupes) ou de débat (en classe entière), il peut aussi leur donner des consignes complémentaires, mais différentes, afin que chacun s'occupe d'une partie du traitement du document et que le rendu soit un travail totalement collectif.

La modalité individuelle permet à chaque apprenant de :

évaluer sa satisfaction vis-à-vis de son hypothèse interprétative ; se sentir responsable de cette évaluation et de la qualité de l'hypothèse ; gérer le stress de l'autonomie ; évaluer ses propres capacités.

La modalité collective permet quant à elle de travailler l'ensemble des compétences répertoriées en 1., mais plus spécifiquement celles relatives à la collaboration et à la co-construction du sens :

construire une hypothèse interprétative tridimensionnelle ; comparer sa satisfaction vis-à-vis de l'hypothèse interprétative avec celle des autres ; comparer ses capacités à celles des autres ; acquérir une posture d'entraide et d'empathie ; apprendre à préciser ses besoins et en faire part de manière constructive au reste du groupe ; apprendre à écouter les autres et à ajuster sa réponse aux besoins du groupe ; apprendre à valoriser son hypothèse dans la négociation du sens ; apprendre à prendre en considération les hypothèses de sens des autres ; donner du feedback aux intervenants ; évaluer la compréhension collective et les capacités du groupe ; gérer les tours de parole.

3. 5. Réagir à chaud ou à froid

Enfin, les apprenants peuvent être conduits à réagir à chaud ou à froid au document auquel ils sont exposés. En réaction à chaud, le document est interrompu, et les apprenants prennent la suite en incarnant les rôles des interactants d'origine (préparation et contextualisation sont nécessaires, l'exposition unique est à priori la plus appropriée ; les apprenants peuvent avoir reçu des fiches avec le script et les informations que leur « personnage » est censé savoir), ou bien l'exposition est morcelée, et la tâche est menée en insertion : les apprenants participent fictivement à l'interaction, en imaginant comment ils réagiraient à la place d'un interactant, puis en comparant avec la réaction qui a eu lieu. Cela permet de mobiliser et de travailler la plupart des compétences de compréhension de l'oral et de production orale, mais aussi d'apprendre à :

gérer le stress de l'urgence ; construire un objectif de production actionnel et tridimensionnel ; faire avec ce que l'on a au moment où l'on en a besoin ; appliquer les principes pragmalinguistiques ; réagir avec peu de moyens et se satisfaire du résultat (lâcher-prise).

En réaction à froid, les apprenants bénéficient d'une exposition intégrale et réagissent après. Cela leur accorde du temps pour :

construire une représentation globale de l'activité menée dans le document ; construire et évaluer leur hypothèse interprétative ; choisir et préparer leur réaction ; éventuellement participer à ou bénéficier de l'entraide collective.

CONCLUSION

Cet article nous a permis d'aborder les différentes compétences requises pour interagir en face à face à l'oral : celles requises pour ancrer son activité et son discours dans une situation réelle et concrète, pour être acteur de sa compréhension et de sa production, pour collaborer et coconstruire, ainsi que pour agir physiquement et verbalement. L'application de ces compétences est partiellement culturelle. Nous n'avons pas développé cet angle, mais il n'en reste pas moins important. Nous avons en revanche présenté quatre plateformes pour l'enseignement et l'apprentissage de l'oral et de l'interaction en français langue étrangère, et proposé des techniques et des options de mise en œuvre d'activités fondées sur le matériel pédagogique disponible sur ces plateformes et permettant de travailler l'ensemble des compétences répertoriées.

Élodie OURSEL
maitre de conférences
Université Paris 8 Vincennes - Saint-Denis,
U.M.R. 7023 Structures Formelles du Langage

RÉFÉRENCES BIBLIOGRAPHIQUES

ANDRÉ, V. 2016. « FLEURON : Français langue étrangère universitaire, ressources et outils numériques. Origines, démarches et perspectives », *Mélanges CRAPEL*, 37. Disponible à l'adresse : http://www.atilf.fr/spip.php?article4164.

BLANCHE-BENVENISTE, C. 2000. *Approches de la langue parlée en français*, Paris : Ophrys.

BOUCHARD, R. 1995. « De l'enseignement de la langue orale à l'entraînement aux pratiques dialogiques », *LIDIL*, 12, p. 97-118.

BRES, J., NOWAKOWSKA, A. 2005. « Dis-moi avec qui tu 'dialogues', je te dirai qui tu es... De la pertinence de la notion de dialogisme pour l'analyse du discours », *Marges linguistiques*, 9, p. 137-153.

CARETTE, E. 2001. « Mieux apprendre à comprendre l'oral en langue étrangère », *Le français dans le monde Recherches et applications 'Oral : variabilité et apprentissages'*, Paris : CLE International / CRAPEL, p. 126-142.

CRANDALL, E., BASTURKMEN, H. 2004. « Evaluating pragmatics-focused materials », *ELT journal*, 58/1, p. 38-49.

DETEY, S., DURAND, J., LAKS, B., LYCHE, C. 2010. *Les variétés du français parlées dans l'espace francophone, Ressources pour l'enseignement*, Paris : Ophrys.

GARDNER, H. 1993. *Multiple Intelligences.* New York : Basic Books.

GOFFMAN, E. 1959 [1969]. *The Presentation of Self in Everyday Life.* 1re édition : Londres : Anchor. 2e édition : Londres : The Penguin Press.

GRICE, H. P. 1975. [1989]. « Logic and conversation », COLE, P., MORGAN, J. L., (eds.) *Syntax and Semantics vol. 3.* New York : Academic Press, p. 41-58. Réimprimé dans *Studies in the Way of Words.* Cambridge, Londres : Harvard University Press, p. 22-40.

KASPER, G., ROSE, K. 2002. *Pragmatic development in a second language.* Malden (MA), Oxford (UK) : Blackwell.

KERBRAT-ORECCHIONI, C. 1990, 1992, 1994. *Les interactions verbales, tomes 1, 2, 3*, Paris : Armand Colin.

MANOILOV, P. 2017. *Analyse multimodale de la dynamique dialogale des interactions orales entre pairs en classe de LV2.* Thèse de doctorat de 3e cycle, soutenue à l'université Paris 3.

MANOILOV, P., OURSEL, É. 2019. « Analyse des interactions et didactique des langues : tour d'horizon des relations », *LINX*, 79.

OURSEL, É. 2013. *Des interactions de service entre francophones natifs et non natifs. Analyse de la gestion de l'intercompréhension et perspectives didactiques.* Thèse de doctorat de 3e cycle, soutenue à l'université Paris 3.

OURSEL, É. 2018. « Voyage de l'implicite à la composition du sens », *CORELA*, HS25. Disponible à l'adresse : https://journals.openedition.org/corela/6491.

PEKAREK DOEHLER, S. 2000. « Approches interactionnistes de l'acquisition des langues étrangères : concepts, recherches, perspectives », *AILE*, 12, p. 3-26.

RAVAZZOLO, E., TRAVERSO, V., JOUIN-CHARDON, E., VIGNER, G. 2015. *Interactions, dialogues, conversations : l'oral en français langue étrangère*, Paris : Hachette.

ROULET, E., AUCHLIN, A., MŒSCHLER, J., *et al.* 1985. *L'articulation du discours en français contemporain*. Berne : Peter Lang.

SACKS, H., SCHEGLOFF, E. A., JEFFERSON, G. 1974. « A Simplest Systematics for the Organization of Turn-taking for Conversation », *Language*, 50/4, p. 696-735.

SURCOUF, C., AUSONI, A. 2018. « Création d'un corpus de français parlé à des fins pédagogiques en FLE : la genèse du projet FLORALE », *Études en didactique des langues*, 31, p. 71-91.

TRAVERSO, V. 2016. *Décrire le français parlé en interaction*, Paris : Ophrys.

WONG, J. 2002. « 'Applying' conversation analysis in applied linguistics : Evaluating English as a second language textbook dialogue », *International Review of Applied Linguistics in Language Teaching*, 40/1, p. 37-60.

YAGI, K. 2007. « The development of interactional competence in a situated practice of Japanese learners of English as second language », *Hawaii Pacific University TESL Working Paper Series*, 5/1, accessible à l'adresse : https://www.researchgate.net/publication/262418148_Development_of_Interactional_Competence_in_Japanese_as_a_Second_Language_Use_of_Incomplete_Sentences_as_Interactional_Resources.

YOUNG, R. F. 2009. *Discursive practice in language learning and teaching*. Malden (MA), Oxford (UK) : Wiley-Blackwell.

Références sitographiques

PFC-EF, https://www.projet-pfc.net/category/pfc-ef/.

FLEURON, https://apps.atilf.fr/fleuron/index.php?lg=fr.

CLAPI-FLE, http://clapi.ish-lyon.cnrs.fr/FLE/accueil.php.

Florale, https://florale.unil.ch/.

LES ENJEUX DE LA COMPRÉHENSION DU FRANÇAIS ORAL QUOTIDIEN EN FLE : CRÉATION D'UNE BASE DE DONNÉES DE FRANÇAIS PARLÉ ANNOTÉ

Résumé : Depuis environ deux décennies, le développement des corpus oraux et des outils informatiques en linguistique et didactique des langues a ouvert de nouvelles perspectives en français langue étrangère (FLE). Les corpus oraux restent toutefois sous-représentés, à fortiori lorsqu'il s'agit d'entreprendre de familiariser les apprenants aux caractéristiques du français oral quotidien. Dans cet article, après avoir présenté les enjeux liés à la compréhension orale en FLE, nous offrirons un aperçu des défis que représente l'élaboration d'une interface informatique permettant l'exploration d'un corpus de français parlé annoté à des fins pédagogiques.

> Apprend-on vraiment à faire du vélo en roulant sur un tricycle ou à nager en pratiquant les mouvements allongé sur la pelouse à côté de la piscine ? (Holec 1990 : 72)

1. DE LA NÉCESSITÉ DE TRAVAILLER LA COMPRÉHENSION ORALE EN FLE

Comme Holec (1990) le suggère malicieusement, il parait difficile de prétendre développer une compétence sans la travailler concrètement. En ce qui concerne la compréhension orale en langue étrangère, le bon sens dicterait en effet de recourir à « l'utilisation de documents authentiques[1] plutôt que construits : leur authenticité accroit la probabilité qu'ils offriront bien à l'apprenant les moyens d'acquérir les savoirs dont il aura besoin pour fonctionner langagièrement en situation "réelle" » (Holec 1990 : 68). Pourtant, bien qu'emblématiques d'une certaine conception contemporaine

---

1. « tout document non-construit à des fins d'enseignement/apprentissage de langue » (Holec 1990 : 67).

de l'enseignement-apprentissage des langues, les manuels de FLE n'offrent guère d'occasions de travailler la compréhension orale du français tel qu'il est parlé au quotidien par les francophones :

> Les discours authentiques oraux sont [...] très rares dans les méthodes de FLE avant le niveau B2. Ce phénomène peut paraitre d'autant plus paradoxal que l'approche communicative accorde, comme les méthodologies précédentes, une place importante à l'oral en début d'apprentissage. (Parpette 2018 : 19)[2]

Quelles pourraient être les répercussions d'une telle conception de la compréhension orale ? Prenons un exemple concret[3], observé dans le cadre d'un cours de FLE de niveau B2 en milieu universitaire homoglotte en Suisse romande. Vingt étudiants[4] étaient invités à transcrire en orthographe des énoncés authentiques, extraits de reportages radiophoniques. Il s'agissait en l'occurrence de vérifier leur degré de compréhension fine du français parlé, et de détecter les éventuelles difficultés. À cet effet, leur était présenté, parmi d'autres, l'énoncé authentique [1], extrait d'une émission des *Pieds sur terre* (France Culture, 14/02/2017) :

> [1] [eɜetɑ̃feɛ̃etɑ̃poʒystəplykwa] (*et euh et tu en fais un et tu en peux juste plus quoi*)

L'énoncé était diffusé à quatre reprises, avec une pause conséquente entre chaque écoute. Il était par ailleurs précisé par écrit que « le locuteur parle de ses enfants », information complétée par la transcription exacte des propos précédant le segment à transcrire :

> ils ont cinq ans dans deux semaines quatre ans et au mois d'avril trois ans dix-huit mois d'écart entre les deux le temps que la maman récupère tu vois et puis quatorze mois entre le deuxième et le troisième ben après je me suis dit au moins j'ai fini tu vois j'aurais pas pu attendre trente-six trente-sept ans pour en avoir

Sur les vingt étudiants, un seul est parvenu à comprendre et transcrire convenablement l'énoncé, et seulement quatre étudiants ont réussi à identifier les éléments clés que constituent les deux *tu* génériques de l'énoncé. On pourrait bien sûr objecter qu'en l'occurrence la difficulté de compréhension était double dans la mesure où il s'agissait de *tu* génériques, apparaissant de surcroit sous leur forme réduite [t] (« et euh et *tu en* [=tã] fais un et *tu en* [=tã] peux juste plus quoi »). Toutefois, l'usage générique de *tu* est désormais courant en français conversationnel (voir Barbéris 2010), et la réduction de [ty] à [t]

---

2. L'origine des difficultés de compréhension du français oral quotidien, constatées même chez des apprenants de niveau relativement avancé (B2) est multifactorielle (voir Surcouf & Ausoni 2018 : 76-78), mais relève en partie d'une représentation de la langue cible puisant dans les normes de l'écrit : « L'apprenant écrit plus qu'il ne parle [...]. La puissance du modèle de l'écrit fait donc largement partie de l'imaginaire des apprenants et des enseignants » (Weber 2006 : 31).
3. Il ne s'agit là que d'une illustration sans prétention scientifique. Une étude approfondie sur la question requerrait l'intégration de données relatives à la fréquence d'utilisation du français, le réseau de relations francophones, le degré de motivation, les raisons du séjour en Suisse romande, etc.
4. Le groupe était composé de locuteurs de dix langues différentes (allemand (1), anglais (3), arabe (1), chinois (1), espagnol (2), italien (4), khmer (2), marathi (1), portugais (2), russe (3)). La durée moyenne de séjour en milieu francophone était de 3 ans (minimum : 3 mois, maximum : 8 ans) avec une durée moyenne d'apprentissage du français de 7 ans (minimum : 1 an 8 mois, maximum : 15 ans).

devant voyelle très fréquente, s'élevant à 87,1 % (196/225) au sein de notre corpus de français parlé de quatre heures (voir 2.4). Par ailleurs, avec un débit de 5,8 syllabe/s (13 syllabes articulées en 2,23s), cet énoncé est conforme aux résultats de Léon (1996 : 104) sur le français spontané. Dès lors, pourquoi un tel énoncé authentique à priori pragmatiquement, phonétiquement, lexicalement et morphosyntaxiquement accessible à des apprenants de ce niveau suscite-t-il autant de problèmes de compréhension, alors qu'une fois proposé sous sa forme écrite, il leur était immédiatement compréhensible ? Pourquoi des apprenants de FLE, même de niveau avancé (ici B2), sont-ils si souvent déstabilisés par certaines caractéristiques fréquentes du français parlé ? Un tel constat ne serait-il pas imputable à un enseignement-apprentissage en partie inadéquat à cet égard, comme l'évoque clairement l'un des étudiants :

> c'est aussi un choque pour nous des fois d'apprendre que les francophones natifs ne parlent pas comme on a été enseigné dans les manuels et cours de langues[5]. (voir également Durán & McCool 2003 ; Weber 2006)

C'est pourquoi nous avons entrepris de constituer un corpus informatisé de français parlé (voir Surcouf & Ausoni 2018), annoté à des fins pédagogiques pour le FLE, permettant à l'apprenant d'accéder à une multitude d'exemples sonores pour se familiariser avec le « français ordinaire » (c'est-à-dire « la langue de tous les jours » selon Gadet 1996 : V), tel qu'il est parlé par les francophones dans leur quotidien. Si en soi, l'idée est simple, sa mise en œuvre soulève de nombreux défis à la fois didactiques, linguistiques et informatiques, dimensions qui, s'enchevêtrant, doivent être pensées simultanément lors de la conception de la base de données et de l'interface. Aussi présenterons-nous les dimensions linguistiques et informatiques en relation avec la dimension didactique[6], première dans notre réflexion.

2. LES ENJEUX DERRIÈRE LA CRÉATION D'UNE BASE DE DONNÉES INFORMATIQUE POUR L'APPRENTISSAGE SUR CORPUS EN FLE

2. 1. L'importance de la compréhension de l'oral

Dans la continuité de l'approche communicative, où « l'oral occupe une place de choix » (Cuq & Gruca 2002 : 247), de nos jours, pratiquer la compréhension orale est d'autant plus aisé qu'internet offre une grande diversité de documents sonores authentiques. Si une telle pratique peut se révéler souhaitable en milieu hétéroglotte, elle s'avère indispensable en milieu homoglotte dans la mesure où elle contribue à une meilleure intégration de l'apprenant

---

5.   La graphie et la syntaxe sont celles de l'étudiant (anglophone ayant suivi un programme d'immersion de 14 ans au Canada et résidant en Suisse romande depuis 4 mois). Ce commentaire provient d'un travail d'analyse d'une transcription de deux minutes de français conversationnel dans le cadre d'une évaluation en fin de semestre.
6.   Dans cet article, « didactique » renvoie à la *réflexion* en amont sur les stratégies et les moyens d'enseignement, « pédagogique » se rapporte à ce qui est/sera concrètement mis en œuvre durant le face-à-face entre l'enseignant et l'apprenant.

dans la société cible. Signalons que notre attention ne se portera pas ici sur la production, mais sur l'entrainement à la compréhension du français oral quotidien à l'aide d'une base de données permettant la recherche informatisée de traits caractéristiques du français parlé (voir 2.5). En effet, en accord avec Vandergrift, il semble indispensable de sensibiliser le plus tôt possible à l'écoute du français parlé ordinaire :

> The ultimate goal of listening instruction is to help L2 listeners understand the target language in everyday situations. Authentic listening materials are best suited to achieve this goal because they reflect real-life listening, they are relevant to the learners' lives, and they allow for exposure to different varieties of language. (Vandergrift 2007 : 199)

2. 2. Compréhension et production orales

Aussi incontournable soit-elle, la compréhension orale constitue un redoutable défi pour l'apprenant dans la mesure où, schématiquement (voir Cutler 2012 : 304s ; Vandergrift & Goh 2012 : 38s), en dehors de connaissances sociopragmatiques, elle requiert la mise en œuvre de processus cognitifs complexes, qui devront lui permettre *en temps réel* de :

(1) discriminer et identifier tous les phonèmes de la langue cible
(2) segmenter le flux sonore en unités signifiantes
(3) repérer l'agencement morphosyntaxique et textuel de ces unités signifiantes

La difficulté est d'autant plus grande qu'une telle activité impose l'analyse d'environ dix à quinze sons par seconde (en 1), soit la reconnaissance de deux à trois mots durant ce même intervalle (en 2) (Levelt 1994 : 90), le tout devant s'organiser en (3) pour constituer des agencements syntaxiques et sémantiques cohérents de quelques secondes seulement, sachant que ces trois processus ne se déroulent pas de façon linéaire, mais s'enchevêtrent (Vandergrift & Goh 2012 : 43).

Par ailleurs, « la capacité de diversification stylistique » étant « une propriété des langues en usage » (Gadet 2004 : 1), la prise en compte de la variation s'avère fondamentale, et à fortiori dans les approches pédagogiques actuelles, où la communication occupe une place centrale (Tyne 2012 : 107). Qu'en production, la maitrise de la « compétence sociolinguistique[7] » représente l'un des derniers obstacles de l'apprentissage (« the final hurdle », Tyne 2009 : 243), qu'en est-il en compréhension ? L'apprenant est-il en mesure de comprendre ce qu'il ne produit pas lui-même ? En effet, si la production fréquente d'un trait langagier semble impliquer sa compréhension[8], sa non-production n'est pas pour autant synonyme de non-compréhension. Voyons brièvement quels sont les enjeux.

---

7. « C'est-à-dire le fait de pouvoir produire et reconnaitre un style de langage relatif à une situation de communication donnée [...] impliqu[ant] de fait la considération de traits renvoyant aux dimensions stylistique (diaphasique) et sociale (diastratique) » (Tyne 2012 : 104).
8. On peut ainsi supposer que l'étudiant utilisant fréquemment *tu* sous sa forme réduite aurait correctement segmenté et compris [etãfeɛ̃] dans l'énoncé [1].

On sait que, dans la continuité des pratiques d'enseignement en français langue maternelle (à cet égard, voir Gagnon & Benzitoun, 2020), la norme écrite occupe une place importante en FLE[9], tendant à masquer l'existence des variantes du français parlé. Or, du point de vue de la compréhension, fondamentale s'avère l'exposition de l'apprenant aux variantes courantes du français oral quotidien. Comment l'apprenant pourrait-il effectivement inférer par lui-même que les énoncés transcrits en phonétique ci-dessous sont sémantiquement équivalents[10] ? En effet, en raison du statut privilégié de la variante écrite normée dans l'apprentissage guidé caractéristique des systèmes scolaires et universitaires, il semble naturel qu'en l'absence de sensibilisation aux variantes parlées ordinaires, la lecture s'impose à l'apprenant comme étalon de l'oral.

VARIANTE ÉCRITE	VARIANTE LUE	VARIANTE ORDINAIRE	DIVERGENCE[11]
*quand j'*étais petit	[kɑ̃ʒetɛpəti]	[kɑ̃ʃtɛpti]	phonétique
tu habites où ?	[tyabitu]	[tabitu]	phonétique
je le lui ai dit	[ʒələlɥiedi]	[ʒɥiedi]	phonétique/syntaxique
je ne sais pas	[ʒənəsEpa]	[ʃʃEpa][12]	phonétique/syntaxique
son père ne la voit plus	[sɔ̃pɛʁnəlavwaply]	[sɔ̃pɛʁilavwaply]	phonétique/syntaxique

Tableau 1 – Exemples de variantes courantes et des dimensions qu'elles affectent

Rappelons tout d'abord une évidence probablement constitutive du développement de la compréhension orale durant l'apprentissage. Intuitivement, l'apprenant sait que, quelle que soit la langue, il a tout intérêt à postuler que deux énoncés dissemblables acoustiquement seront sémantiquement différents. De manière flagrante, il en serait par exemple ainsi de [ləbebedɔʁ] comparé à [ilplø] (*le bébé dort ≠ il pleut*). Plus subtilement, conformément au système phonologique du français, il devra discriminer [ilzɔ̃ʃo] de [ilsɔ̃ʃo] (*ils ont chaud ≠ ils sont chauds*). En d'autres termes, il semble logique et productif d'adopter le principe selon lequel une différence acoustique entraine une différence sémantique. Cependant, aussi rentable soit-il, ce principe se voit contredit par l'existence de variantes stylistiques, inhérentes au fonctionnement même de la langue. L'apprenant devra par exemple apprendre que [ʒəpaʁl] et [ʃpaʁl] sont deux énoncés sémantiquement identiques (*je parle*) en dépit des différences acoustiques. Se pose alors la question de l'appropriation de telles variantes stylistiques dont la connaissance est fondamentale en compréhension du fait de leur fréquence dans le français oral quotidien. Le tableau ci-dessous récapitule les quatre configurations, dont la (iv) se trouve être la plus complexe

9. « L'apprenant est en effet habitué à situer la norme par rapport à une seule référence (l'écrit) » (Weber 2010 : 178).
10. Nous n'aborderons pas ici la question délicate posée par Gadet (2004 : 4) : « est-ce qu'on peut dire la même chose en disant différemment, selon différents styles ? » (pour une brève réflexion à ce propos, voir Gadet 2007 : 153-154).
11. Les variantes lexicales (non-présentées ici) restent les plus faciles à identifier notamment parce qu'on les trouve dans les dictionnaires. Les phénomènes phonétiques, syntaxiques ou discursifs font quant à eux rarement l'objet d'une présentation dans les ouvrages de référence destinés aux apprenants.
12. Voir les déboires relatés par Durán &McCool (2003).

en ce qu'elle contrevient au principe de base de la configuration (i) – et de son corolaire (ii) –, qui invite à envisager comme sémantiquement différents des énoncés acoustiquement différents.

	ACOUSTIQUEMENT		SÉMANTIQUEMENT	REMARQUE
(i)	[ʒəpaʁlE] ≠ [ʒEpaʁlE]	⇨	*je parlais ≠ j'ai parlé*	principe de base
(ii)	[ʒəpaʁlE] = [ʒəpaʁlE]	⇨	*je parlais = je parlais*	
(iii)	[ʒlapɔʁt] = [ʒlapɔʁt]	⇨	*je l'apporte ≠ je la porte*	homophonie (occasionnel)
(iv)	[ʒəpaʁlE] ≠ [ʃpaʁlE]	⇨	*je parlais = je parlais*	cas difficile (courant)

Tableau 2 – Exemplification des quatre configurations en compréhension orale

En raison de l'incomplétude de ses connaissances sur la langue cible – par la nature même du processus d'apprentissage dans lequel il s'inscrit –, l'apprenant éprouvera nécessairement des difficultés à déterminer s'il se trouve dans la configuration (i) ou (iv). Par ailleurs, même pour des variantes phonotactiquement motivées comme [ʒəkuʁ]/[ʃkuʁ] (*je cours*)[13], il est peu probable qu'en l'absence de connaissances linguistiques, l'apprenant puisse inférer leur équivalence sémantique. En définitive, afin de garantir une meilleure compréhension orale, il semble souhaitable de sensibiliser les apprenants à l'existence de telles variantes, et ainsi répondre à l'une des exigences d'une étudiante du groupe[14] :

> j'ai commencé à parler français selon les règles de l'écriture [...] J'estime que les enseignants doivent souligner le fait que la structure des phrases diffère à l'écrit et à l'oral.

Comme l'illustrait le tableau 1, toutes les dimensions (phonétiques, morphologiques, syntaxiques, lexicales, discursives) peuvent donner lieu à des variantes stylistiques et générer des problèmes de compréhension orale chez l'apprenant. Or, on ne peut que constater « l'absence de réflexion sur le rôle du style dans l'enseignement du français » (Paternostro 2017 : 285) et le « décalage important entre la langue présentée dans les manuels de cours et la langue «authentique» [...] [d]es corpus, surtout pour la langue parlée » (Debaisieux & Boulton 2007 : 31)[15]. Comment dès lors permettre à l'apprenant de pratiquer cette compétence ? En quoi l'apprentissage informatisé sur corpus pourrait-il contribuer à l'améliorer ?

2. 3. Les corpus oraux informatisés : focaliser sur l'oral, certes, mais lequel ?

Force est de constater qu'en didactique des langues, l'apprentissage informatisé sur corpus demeure marginal (Boulton 2017 : 483), et l'enseignant de FLE désireux de faire travailler ses apprenants sur le français parlé se heurte à une première difficulté :

> Les corpus disponibles sont aujourd'hui majoritairement des corpus d'écrits (ou mixtes dans certains cas). L'oral est considérablement à la traine. Or, en ce qui concerne la

---

13. Ici, l'assimilation de [ʒ] à [ʃ] devant [k] après la disparition de [ə] dans *je*.
14. Pour la provenance de ce commentaire, voir note 4.
15. Voir également Étienne & Sax (2009) ; Giroud & Surcouf (2016) ; Surcouf & Giroud (2016) ; Vialleton & Lewis (2014).

didactique des langues, force est de constater que l'oral occupe une place majeure. (Boulton & Tyne 2014 : 46)

Debaisieux (2009 : 43) déplorait pour sa part qu'« il n'existe pratiquement aucun outil de consultation convivial, adapté à un usage d'apprentissage et surtout libre d'utilisation ». Aussi avons-nous entrepris de constituer FLORALE[16], une base de données à visée pédagogique dans le but de sensibiliser les apprenants aux caractéristiques du français oral quotidien tout en tirant profit de l'apprentissage informatisé sur corpus et des avantages qu'il pourrait offrir. Boulton & Cobb (2017 : 349-350) évoquent ainsi : l'authenticité des données, la saillance des formes les plus fréquentes, le développement de la démarche inductive, l'apprentissage basé sur l'exemple et la possibilité de travailler en autonomie.

S'il existait déjà des corpus oraux conçus pour la recherche en linguistique et détournés par la suite pour servir des fins pédagogiques (pour PFC-EF, voir Detey *et al.* 2009 ; pour Clapi-FLE, voir Ravazzolo *et al.* 2015), la création d'un corpus à visée expressément pédagogique soulève des questions différentes, dont, en premier lieu, celle du choix des documents sonores. En effet, si l'on reconnait l'importance que revêt l'authenticité dans la poursuite de notre objectif pédagogique, ce terme n'en reste pas moins ambigu et continue de faire débat en didactique des langues (voir par exemple Chambers 2009 ; Dubois *et al.* 2010). Ainsi, dans sa réflexion sur l'importance d'intégrer la dimension sociolinguistique en FLE, Paternostro constate que, ces dernières années :

> Le recours aux documents authentiques [...] ne semble guère avoir changé la donne, du fait que ces documents – le plus souvent issu des médias – relèvent d'un genre écrit oralisé et manifestent des traits parfois éloignés de la langue quotidienne. Le recours aux corpus oraux et aux enregistrements de situations réelles demeure encore marginal. (Paternostro 2017 : 281)

Que la source soit orale n'est effectivement pas un critère suffisant pour garantir la possibilité de travailler la compréhension des variantes stylistiques du français oral quotidien. En effet, si, par définition, en accord avec le *Petit Robert*, l'oral concerne tout ce qui « se transmet par la parole », il peut néanmoins revêtir plusieurs formes, comme l'illustre l'aperçu ci-dessous :

	Auteur	Finalité prévue par l'auteur	Encodeur :	sa tâche	Décodeur	Exemple
❶	Écrit	sera lu en silence	différent	lit à voix haute	écoute	roman lu
❷		sera lu pour informer				journal télévisé
❸		sera lu et interprété				doublage de film
❹		sera mémorisé et interprété		interprète		dialogues de film
❺	Parle	est écouté en direct	identique	parle		conversation quotidienne

Tableau 3 – Aperçu des configurations prototypiques
de quelques types de productions orales

---

16. Français langue orale pour le FLE : https://florale.unil.ch/ (voir Surcouf & Ausoni 2018).

Seule la configuration ❺ représente l'oral non-préparé et correspond dans sa version la plus fréquente au français oral quotidien. C'est aussi celle qui suscite le plus de difficultés de compréhension chez les apprenants, paradoxalement, davantage familiarisés au cours de leur apprentissage à des écrits oralisés[17] de type ❷ ou ❹, notamment au travers des dialogues (plus ou moins réalistes) des manuels de FLE (voir note 15). Aussi notre attention s'est-elle essentiellement portée sur des documents sonores de type ❺, permettant de travailler la compréhension des traits caractéristiques du français oral quotidien. Quels documents avons-nous choisis ?

2. 4. Le choix des documents sonores

Pour l'heure, l'essentiel de nos données provient de l'émission radiophonique *Les Pieds sur Terre* (France Culture), qui « s'organis[e] […] autour de récits, d'histoires vraies […] racontées à la première personne et nourries d'éléments de reportage »[18]. Ces enregistrements présentent l'avantage d'être de qualité professionnelle, assurant donc une excellente qualité acoustique malgré la présence occasionnelle de bruits de fond ou de musique, ajoutée au montage. En effet, à l'instar de beaucoup d'œuvres radiophoniques proposées en différé, ces émissions sont mixées et peuvent donner lieu à l'insertion de musique ou à la suppression – non systématique – de la parole du journaliste durant l'interaction. En ce sens, même si elles répondent à notre objectif pédagogique premier consistant à présenter dans leurs multiples dimensions les variantes stylistiques du français parlé, ces émissions ne se prêteraient guère à l'observation des interactions en français (à cet égard, voir Clapi-Fle). À ce stade de développement, notre base de données comporte quatre heures d'émissions sous format .wav, importées dans le logiciel Elan[19], où nous les avons segmentées manuellement en unités morphosyntaxiquement cohérentes d'environ trois secondes. Elan permet non seulement d'aligner la transcription sur le signal sonore, mais offre de surcroit la possibilité d'inclure de nombreuses strates d'annotations (voir plus loin l'illustration 2).

Une fois le choix des sources sonores effectué, s'est posée la question beaucoup plus délicate de la sélection des phénomènes du français parlé à annoter dans la transcription, pour leur présentation ultérieure dans l'interface, où ils deviennent cherchables et écoutables (voir Illustration 6).

2. 5. Le choix des phénomènes

S'il nous a paru fondamental de mettre en évidence les traits langagiers du français oral quotidien se démarquant notamment des usages de l'écrit normé (ou de l'écrit oralisé qui en émane), la sélection des phénomènes s'est effectuée conformément aux critères suivants (susceptibles de se recouper) :

---

17. Envisagé comme « type de réalisation dans lequel une phase d'émission orale succède à une phase de production écrite non spontanée » (Boulanger *et al.* 1972 : 6).
18. https://www.franceculture.fr/emissions/les-pieds-sur-terre (consulté le 25/02/2019).
19. Max Planck Institute for Psycholinguistics (Nijmegen) disponible ici : https://tla.mpi.nl/tools/tla-tools/elan/.

➊ Le phénomène diverge de la norme écrite (souvent prise comme référence)

➋ L'explication du phénomène apparaissant dans les manuels ou les ouvrages de référence de FLE ou de FLM n'est accompagnée d'aucun exemple sonore et demanderait à l'être pour devenir compréhensible

➌ La description du phénomène est inexistante ou rare dans lesdits ouvrages

➍ La description du phénomène est incomplète et/ou à connotation prescriptive :

– de manière explicite : « Ne dites pas *t'aimes*, dites *tu aimes* » (Delatour *et al.* 1991 : 163)

– de manière implicite : « *Ils, elles* se prononcent [il] [ɛl] devant une consonne » (Poisson-Quinton *et al.* 2003 : 34)

➎ Le phénomène est fréquent en français oral quotidien, mais en partie ignoré en raison de ➌ ou ➍, et requerrait par conséquent une sensibilisation spécifique pour être mieux perçu et compris

➏ Le phénomène fait typiquement l'objet de problèmes de compréhension et/ou de production

➐ Le phénomène est difficile à expliquer pédagogiquement (ou linguistiquement) et l'observation de nombreux exemples pourrait alors aider l'apprenant à s'en développer une compréhension intuitive

À titre d'illustration, nous fournissons quelques exemples concrets extraits de notre corpus, et cherchables via l'interface :

PHÉNOMÈNE	EXEMPLE	❶	❷	❸	❹	❺	❻	❼
Assimilation	ben du coup *je suis* [ʃui] partie	x	x			x		
[ty] prononcé [t]	*tu as* [ta] quel âge ?			x	x	x	x	
disparition d'un son	*c'était* [ste] pas douloureux			x			x	
intonation de liste	un type un peu *terne* et un peu euh *vouté* euh *maigre*	x	x					
négation sans *ne*	il pouvait *pas* retourner chez lui	x		x	x	x		
tu générique	*tu* peux pas être célibataire en Iran *tu* dois *te* marier	x		x		x	x	
quoi	du coup voilà c'était une préparation à l'exil *quoi*	x		x		x	x	x
quand même[20]	c'est *quand même* bien agréable quoi						x	

Tableau 4 – Quelques exemples issus du corpus
et leur correspondance aux critères de sélection

Ces critères nous ont permis de retenir à ce jour environ 280 phénomènes répartis dans les quatre grandes catégories suivantes :

LIBELLÉ DANS L'INTERFACE	DIMENSION	NOMBRE
Prononciation	phonétique	30
Structures de phrase	morphosyntaxique	130
Outils de la conversation	discursive/conversationnelle	70
Mots et expressions	lexicale	50

Tableau 5 – Les quatre catégories présentées dans l'interface

---

20. Souvent prononcé [kɔmmɛm] et erronément écrit « comme même ».

L'étiquetage de ces 280 phénomènes a été effectué manuellement dans Elan sur les items « tokenizés[21] » de la transcription orthographique à l'aide des vocabulaires contrôlés (associés à trente strates d'annotation – « tiers »[22]), comme illustré ci-dessous :

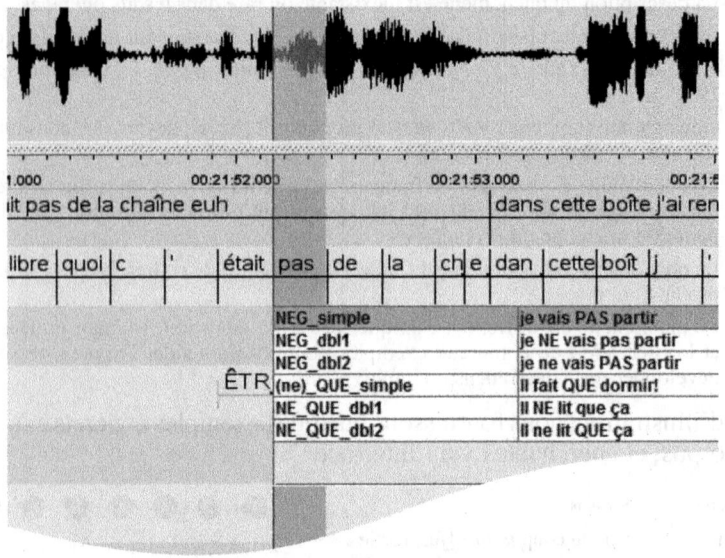

Illustration 1 – Aperçu d'une liste déroulante d'un vocabulaire contrôlé dans Elan durant l'annotation

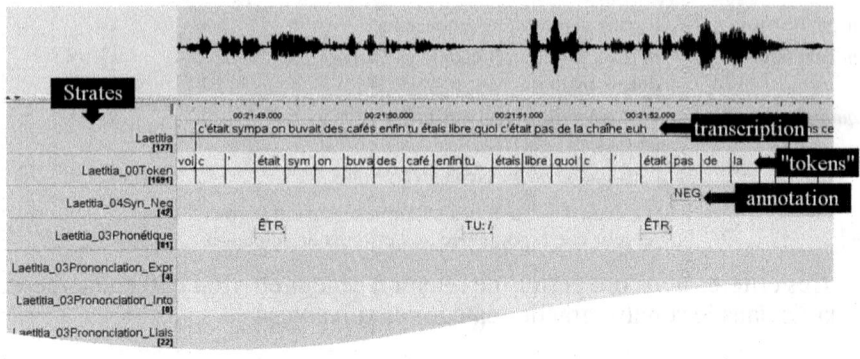

Illustration 2 – Aperçu de quelques annotations de segments audio dans Elan

---

21.   Il s'agit d'une sous-segmentation automatique isolant tout item compris entre deux espaces.
22.   Comme le montre l'illustration 2, le logiciel Elan permet la segmentation et l'alignement sur le signal sonore de la transcription, laquelle peut alors faire l'objet d'annotations à l'aide de strates, au sein desquelles un item peut être étiqueté manuellement en recourant à un vocabulaire contrôlé (liste déroulante d'options prédéfinies par les annotateurs, voir l'illustration 1). Par exemple, l'item *pas* de la strate « Token » permet l'étiquetage de la négation simple du segment « c'était *pas* de la chaine » en sélectionnant « NEG_simple » du vocabulaire contrôlé de la strate « Syn_Neg ».

Pour l'heure, notre corpus comprend environ 12 000 annotations, soit une cinquantaine par minute. L'étiquetage manuel permet de garantir la qualité des résultats obtenus dans l'interface, qu'il faut désormais évoquer pour les redoutables défis d'organisation qu'elle a posés.

2. 6. La présentation des contenus du corpus : l'organisation de l'interface

Si un linguiste est disposé à consacrer plusieurs heures pour se familiariser avec l'interface d'une base de données qu'il considère fondamentale pour sa recherche, un apprenant doit en revanche pouvoir trouver rapidement ce qu'il cherche. Qu'entraine alors la poursuite d'un tel objectif pédagogique (ambitieux) dans la conception de l'interface ?

Rappelons notre finalité première. L'apprenant doit pouvoir prendre conscience des caractéristiques du français oral quotidien en accédant à l'écoute d'une multitude de courts extraits sonores (d'environ 3s) et de leur transcription (tout en conservant la possibilité d'écouter un contexte plus étendu pour chacun d'entre eux). L'usager ordinaire n'étant ni linguiste ni informaticien, les exigences les plus élevées apparaitront dans le cas d'un apprenant de niveau A2[23], qui devra pouvoir :

a) trouver le trait langagier recherché sans passer par l'appropriation d'outils informatiques spécifiques d'exploration de corpus
b) se repérer facilement à tous les niveaux de l'interface malgré la multitude des traits langagiers répertoriés
c) effectuer n'importe quelle recherche au sein du corpus sans connaissances préalables en linguistique
d) comprendre toutes les instructions verbales en français apparaissant dans l'interface

La conjonction de ces divers critères soulevant de redoutables défis, s'est vite imposée comme fondamentale la création d'une interface intuitive, facile à utiliser, en dépit de la complexité résultant de l'organisation en amont des 280 phénomènes, regroupés en l'occurrence en quatre grandes catégories sur la page d'accueil de l'interface :

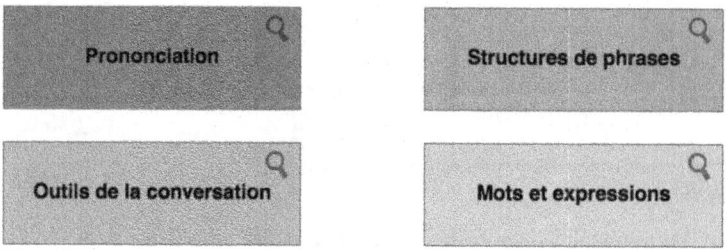

Illustration **3** – La page d'accueil de l'interface

---

23.   Cette exigence est en soi trop sévère dans la mesure où dans le parcours d'apprentissage, certains traits langagiers sont nécessairement prioritaires, et pour cette raison devront être plus aisément accessibles.

Chacune de ces quatre dimensions est caractérisée par une couleur spécifique se répercutant dans chaque sous-catégorie. Par exemple, un premier clic sur le pavé « Outils de la conversation » offre quatre choix reprenant la même couleur que la catégorie mère, et proposés sous forme de questions dans une langue se voulant le plus accessible possible à l'apprenant :

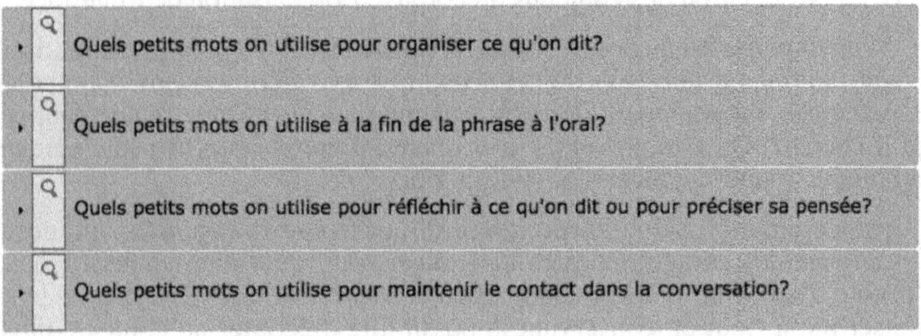

Q   Quels petits mots on utilise pour organiser ce qu'on dit?

Q   Quels petits mots on utilise à la fin de la phrase à l'oral?

Q   Quels petits mots on utilise pour réfléchir à ce qu'on dit ou pour préciser sa pensée?

Q   Quels petits mots on utilise pour maintenir le contact dans la conversation?

Illustration 4 – Le premier niveau d'accès après un clic sur le pavé
« Outils de la conversation » de la page d'accueil

Les questions sont censées remplir les trois fonctions essentielles suivantes :

a)   leur formulation sert à contourner l'usage du métalangage technique
b)   elles permettent le regroupement des phénomènes relevant d'une même sous-catégorie
c)   elles dynamisent l'interface en interpelant l'usager

Si l'usager entend savoir « quels petits mots on utilise pour organiser ce qu'on dit »[24], alors un clic sur le premier pavé lui offre une liste de marqueurs :

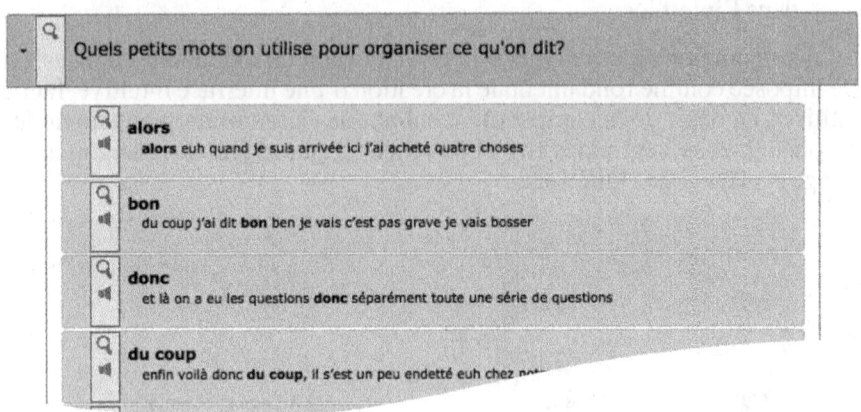

Illustration 5 – Un aperçu du début de la liste des « petits mots »
correspondant à la question

---

24.   Les formulations présentes sur le site sont toutes susceptibles d'être modifiées pour mieux répondre aux besoins des usagers.

Pour chaque pavé de couleur, l'usager peut écouter un exemple sonore en cliquant sur le hautparleur, tout en lisant la transcription où ce trait langagier est mis en évidence en gras. Si l'apprenant désire accéder à l'intégralité des occurrences annotées, il lui suffit de cliquer sur la loupe, qui, dans le cas de *du coup*, lui présentera 85 exemples, surlignés en couleur :

	Exemple		Extrait	Tout
1	du coup ça me faisait vraiment pas plaisir de demander de l'argent			
2	et puis du coup c'était drôle			
3	ça c'était hyper drôle parce que on a fait une fête du coup dans le bar en bas			
4	enfin voilà donc du coup il s'est un peu endetté euh chez notre voisin du dessous			
5	mais du coup après quand il a pu [f°] voyager comme ça			
6	ouais et son point de vue du coup sur la Belgique s'est vachement ouvert euh			

Illustration 6 – Aperçu de l'affichage des premiers résultats du marqueur « du coup »

Précisons que les résultats des requêtes ne s'affichent pas sous la forme conventionnelle d'un concordancier et sa forme pivot au centre (à ce propos, voir Tribble 2013). Chaque ligne présente en effet le segment sonore tel qu'il a été découpé, transcrit et annoté dans Elan, comme l'illustre la capture d'écran du premier exemple tel que traité dans Elan :

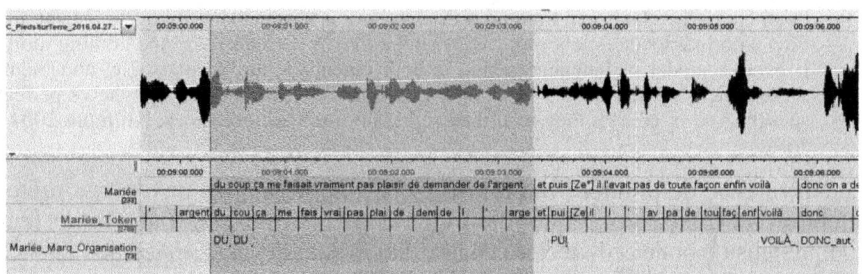

Illustration 7 – La segmentation dans Elan constitue l'unité minimale d'écoute dans l'interface

Chaque exemple peut être écouté isolément à l'aide du bouton ▶ (voir Illustration 6), avec la possibilité d'accéder à un contexte plus étendu dans « Extrait » (« Tout » donnant accès à l'intégralité de l'émission). Tous les traits langagiers cherchables via l'interface donnent accès à des exemples sonores écoutables et transcrits, leur nombre pouvant varier selon le phénomène et sa fréquence d'apparition au sein de notre corpus. Ainsi, grâce à cette base de données, l'apprenant dispose-t-il de la possibilité unique qu'offre l'informatique d'écouter une multitude d'exemples sonores similaires afin de nourrir son intuition de la langue cible et mieux se préparer à la compréhension du français oral quotidien. Ardents défenseurs de l'apprentissage sur corpus, Boulton & Cobb relèvent en effet :

> DDL [data-driven learning] further provides access to the massive amounts of authentic language needed […] but, crucially, it organizes it to make patterns salient, as is necessary for noticing. There is also increasing psycholinguistic evidence for the

> importance of chunking, which DDL helps to highlight. (Boulton & Cobb 2017 : 350-351)

Si notre objectif majeur a consisté, tout au long de la conception, à construire une interface conviviale permettant à l'usager d'accéder facilement à des exemples sonores, un tel accomplissement n'est devenu possible qu'à l'issue d'un travail considérable en amont dans l'élaboration de l'architecture informatique, complexe, de l'interface administrative, que nous n'aborderons pas ici. La question sera désormais de savoir comment les apprenants s'approprieront ce nouvel outil, et les bénéfices qu'ils en tireront.

3. CONCLUSION

On peut par exemple envisager qu'en dehors des avantages que procurerait la possibilité d'accéder facilement à de nombreux exemples sonores authentiques, l'apprenant puisse également prendre conscience de la « "fragilité" du locuteur natif (qui hésite et se trompe lui aussi) » (Paternostro 2017 : 284). L'authenticité des extraits disponibles via l'interface contraste en effet avec la « perfection » des dialogues fabriqués des manuels de FLE (voir note 15), qui non seulement ne préparent guère l'apprenant à la compréhension des usages réels de la langue, mais pourraient en définitive s'avérer contreproductifs :

> Learners in the classroom are given the impression that spoken discourse is neat and tidy, with interlocutors who say exactly what they intended to say, and nothing more. It gives a model of language which is both unrealistic and unattainable, and might serve to demoralise students who feel they will never reach the lofty heights of perfect speech. And of course, they would be right, since no-one ever does. (Gilmore 2004 : 368)

Notre base de données incitera-t-elle les apprenants à davantage prêter attention au français oral quotidien ? Leur permettra-t-elle d'améliorer leur compréhension orale et éviter les écueils relevés dans la transcription de l'énoncé 1 ? De nombreux défis restent encore à relever. Le projet étant encore à ses débuts, il faudra observer comment les apprenants s'approprient l'interface, qui sera progressivement enrichie de fiches explicatives sur les traits langagiers, de parcours pédagogiques, et d'exercices clés en main. À défaut, il est probable que ce projet ne rencontre guère son public. Souvenons-nous de l'enthousiasme de Sinclair (1997 : 30) qui, mu par les possibilités qu'offraient les nouvelles technologies, écrivait il y a plus de vingt ans : « Quite young learners […] will become self-taught data-driven learning students. […], corpus data will become central to the daily concerns of language teachers »…

Christian SURCOUF
Maitre d'enseignement et de recherche
Université de Lausanne, École de français langue étrangère

RÉFÉRENCES

BARBÉRIS, J-M. 2010. « "Quand t'es super bobo"… La deuxième personne générique dans le français parisien des jeunes », Congrès Mondial de Linguistique Française - CMLF 2010, Neveu, F. *et al.* (Eds.), 1839-1857.

BOULANGER, C., ETIENNE, R., HEDDESHEIMER, C., HOLEC, HENRI, MULLER, M. S., ROUSSEL, F., TOWEL, R. & ZOPPIS, C. 1972. « Le discours oral », *Mélanges pédagogiques*, p. 1-14.

BOULTON, A. & TYNE, H. 2014. *Des documents authentiques aux corpus. Démarches pour l'apprentissage des langues*, Paris : Didier.

BOULTON, A. 2017. « Corpora in language teaching and learning », *Language Teaching*, 50-4, p. 483-506.

BOULTON, A & COBB T. 2017. « Corpus Use in Language Learning: A Meta-Analysis », *Language Learning*, 67-2, p. 348-393.

CHAMBERS, A. 2009. « Les corpus oraux en français langue étrangère: authenticité et pédagogie », *Mélanges Crapel*, 31, p. 15-33.

CUQ, J.-P. & GRUCA, I. 2002. *Cours de didactique du français langue étrangère et seconde*, Grenoble : Presses Universitaires de Grenoble.

CUTLER, A. 2012. *Native Listening: Language Experience and the Recognition of Spoken Words*, Cambridge : MIT Press.

DEBAISIEUX, J.-M. & BOULTON, A. 2007. « Alors la question c'est… ? Questions pragmatiques et annotation pédagogique des corpus », *Cahiers de l'AFLS*, 13-2, p. 31-59.

DEBAISIEUX, J.-M. 2009. « Des documents authentiques oraux aux corpus: un défi pour la didactique du FLE », *Mélanges Crapel*, 31, p. 35-56.

DELATOUR, Y., JENNEPIN, D., LÉON-DUFOUR, M., MATTLÉ-YEGANEH, A. & TEYSSIER, B. 1991. *Grammaire du français*, Paris : Hachette FLE.

DETEY, S., LYCHE, C., TCHOBANOV, A., DURAND, J. & LAKS, B. 2009. « Ressources phonologiques au service de la didactique de l'oral : le projet PFC–EF », *Mélanges Crapel*, 31, p. 223-236.

DUBOIS, M., KAMBER, A. & DEKENS SKUPIEN, C. 2010. « L'exploitation didactique des documents authentiques audio et vidéo dans l'enseignement des langues étrangères », *Bulletin Vals-Asla*, 92, p. 1-7.

DURÁN, R. & McCOOL, G. 2003. « If This Is French, Then What Did I Learn in School? », *The French Review*, 77-2, p. 288-299.

ÉTIENNE, C. & SAX, K. 2009. « Stylistic Variation in French: Bridging the Gap between Research and Textbooks », *The Modern Language Journal*, 93-4, p. 584-606.

GADET, F. 1996. *Le français ordinaire*, Paris : Armand Colin.

GADET, F. 2004. « Le style comme perspective sur la dynamique des langues. Introduction », *Langage et société*, 109, p. 1-8.

GADET, F., 2007. *La variation sociale en français*, Paris : Ophrys.

GAGNON, R., BENZITOUN, C. 2020. « Le français parlé comme objet d'enseignement ? Regards croisés d'une didacticienne et d'un linguiste », *Revue des HEP*, 25, p. 37-51.

GILMORE, A. 2004. « A comparison of textbook and authentic interactions », *ELT Journal*, 58-4, p. 363-374.

GIROUD, A. & SURCOUF, C. 2016. « De "Pierre, combien de membres avez-vous ?" à "Nous nous appelons Marc et Christian" : réflexions autour de l'authenticité dans les documents oraux des manuels de FLE pour débutants », *Congrès Mondial de Linguistique Française*, 2016, p. 1-18.

HOLEC, H. 1990. « Des documents authentiques, pour quoi faire ? », *Mélanges Crapel*, 20, p. 65-74.

LÉON, P. 1996. *Phonétisme et prononciations du français*, Paris : Armand Colin.

LEVELT, W. J. M. 1994. *The skill of speaking, dans International Perspectives on Psychological Science*. Volume I: *Leading themes*, Bertelson, P. *et al.* (Eds.), Hillsdale, Lawrence Erlbaum Associates, p. 89-104.

PARPETTE, C. 2018. « Quelle relation entre discours oral naturel et document oral authentique en FLE ? », *Action Didactique*, 1, p. 18-30.

PATERNOSTRO, R. 2017. « Peut-on enseigner la variation ? », dans Tyne, H. *et al.* (Eds.), *La variation en question(s). Hommages à Françoise Gadet*, Bruxelles : Peter Lang, p. 279-290.

POISSON-QUINTON, S., HUET-OGLE, C., BOULET, R. & VERGNE-SIRIEYS, A. 2003. *Grammaire expliquée du français. Niveau débutant*, Paris : CLE International.

RAVAZZOLO, E., TRAVERSO, V., JOUIN, É. & VIGNER, G. 2015. *Interactions, dialogues, conversations : l'oral en français langue étrangère*, Paris : Hachette.

SINCLAIR, J. 1997. « Corpus evidence in language description », dans Wichmann, A. *et al.* (Eds.), *Teaching and language corpora*, London : Routledge, p. 27-39.

SURCOUF, C. & GIROUD, A. 2016. « À quelle langue accède l'apprenant ? Examen critique du traitement de l'oral dans les premières leçons de manuels de français langue étrangère pour débutants », *Linguistik Online*, 78-4, p. 11-27.

SURCOUF, C. & AUSONI, A. 2018. « Création d'un corpus de français parlé à des fins pédagogiques en FLE : la genèse du projet FLORALE », *EDL (Études en didactique des langues)*, 31, p. 71-91.

TRIBBLE, C. 2013. « Concordancing », dans Chapelle, C. A. (Ed.), *The Encyclopedia of Applied Linguistics*, Chichester : Wiley-Blackwell, p. 2-10.

TYNE, H. 2009. « Style in L2 : The Icing on the Cake? », dans Labeau, E. & Myles, F. (Eds.), *The Advanced Learner Variety: The Case of French*, Bern : Peter Lang, p. 243-268.

TYNE, H. 2012. « La variation dans l'enseignement-apprentissage d'une langue 2 », *Le français aujourd'hui*, 176, p. 103-112.

VANDERGRIFT, L. 2007. « Recent developments in second and foreign language listening comprehension research », *Language Teaching*, 40-03, p. 191-210.

VANDERGRIFT, L. & GOH C. C. M. 2012. *Teaching and learning second language listening: Metacognition in action*, New York : Routledge.

VIALLETON, É. & LEWIS, T. 2014. « Reconsidering the authenticity of speech in French language teaching: theory, data, methodology, and practice », dans TYNE, H. *et al.* (Eds.), *French through Corpora: Ecological and Data-Driven Perspectives in French Language Studies*, Newcastle upon Tyne, Cambridge : Scholars Publishing, p. 293-316.

WEBER, C. 2006. « Pourquoi les Français ne parlent-ils pas comme je l'ai appris ? », *Le français dans le monde*, 345, p. 31-33.

WEBER, C. 2010. « Quelle Place pour la variation et l'oralité dans l'enseignement du français ? », dans Bertrand, O. & Schaffner I. (Eds.), *Quel français enseigner ? La question de la norme dans l'enseignement/apprentissage*, Paris : Éditions de l'École Polytechnique, p. 169-184.

BIOBIBLIOGRAPHIE DES CONTRIBUTEURS

Brahim AZAOUI est maitre de conférences en didactique des langues étrangères et secondes à l'Université de Montpellier. Ses travaux traitent des questions liées à l'agir professoral, à la multimodalité et à l'éducation plurilingue.

Christophe BENZITOUN est maitre de conférences à l'Université de Lorraine et membre du laboratoire ATILF. Il travaille plus particulièrement sur la grammaire du français parlé avec une visée de description de la langue à partir de corpus.

Véronique BOURHIS est maitresse de conférences à CY Paris Cergy Université - INSPÉ. Ses travaux ont pour fondement l'oralité « vive », la langue orale, le « parler » dans ses différents usages et s'inscrivent à l'articulation entre le champ de la didactique du français, de l'analyse de discours, de la psycholinguistique et de la sémantique.

Jean-François DE PIETRO est collaborateur scientifique à l'Institut de Recherche et de Documentation pédagogique (IRDP, Neuchâtel), en particulier pour la didactique du français et du plurilinguisme. Linguiste et ethnologue de formation, ses principales recherches portent sur l'enseignement et l'apprentissage du français, sur la didactique de l'oral, sur la terminologie grammaticale, sur les représentations langagières des élèves, sur l'analyse sociolinguistique des situations plurilingues et sur les démarches d'éveil aux langues.

Marie-Laure ELALOUF est Professeure à l'Université de Cergy Pontoise/ Inspé de l'académie de Versailles et membre du laboratoire EMA (ÉA 4507). Ses recherches portent sur la contribution possible des sciences du langage, et notamment de la linguistique de corpus, à la didactique du français langue maternelle ou seconde.

Roxane GAGNON est Professeure à la Haute école pédagogique de Lausanne et membre du laboratoire GRAFE. Ses recherches portent sur l'enseignement du français parlé et des genres oraux publics formels à l'école primaire et secondaire.

Élodie OURSEL est maitresse de conférences en didactique des langues et des cultures à l'Université Paris 8 Vincennes - Saint-Denis. Ses recherches portent sur le développement des compétences d'interaction et de compréhension à l'oral en langue étrangère. Elle œuvre pour une distinction entre modalité d'apprentissage et objectif pédagogique.

Sylvie PLANE est professeure émérite de sciences du langage (Sorbonne Université – laboratoire STIH –EA 4509). En lien avec son engagement dans la formation des enseignants, ses recherches portent sur l'activité langagière orale et écrite et sur la didactique du français. Ses travaux s'intéressent notamment à la diversité des fonctions de l'oral dans la classe et à son apprentissage ainsi qu'à la temporalité de la production écrite.

Christian REHM a été enseignant de FLE/FLS et formateur à la Haute école pédagogique de Lausanne. Formé initialement en linguistique et en littérature, il a par la suite développé ses intérêts et ses recherches sur la diversité telle qu'elle s'exprime entre les langues et dans la langue (variation).

Marie-Noëlle ROUBAUD est Maitre de Conférences, habilitée à diriger des recherches en Sciences du Langage à l'Université d'Aix-Marseille / Inspé d'Aix-Marseille et membre du LPL (Laboratoire Parole et Langage). Elle s'intéresse plus particulièrement à la morphologie et à la syntaxe du français parlé et écrit à partir de l'étude de corpus, quel que soit l'âge des locuteurs. L'appropriation du lexique par les élèves jeunes tient une place importante dans ses recherches actuelles.

Christian SURCOUF est maitre d'enseignement et de recherche à l'École de Français Langue Étrangère (EFLE) de l'Université de Lausanne (Suisse). Il s'intéresse entre autres à la morphologie verbale du français.